UN ANTISÉMITISME ORDINAIRE

Du même auteur

L'Exécution, Le Livre de Poche, 1973.
Condorcet (en collaboration avec Élisabeth Badinter), Fayard, 1988.
Libres et égaux... L'Émancipation des Juifs, 1789-1791, Fayard, 1989.
Une autre justice (collectif), Fayard, 1989.
La prison républicaine, Fayard, 1992.
C. 3.3., précédé de *Oscar Wilde ou l'injustice*, Actes Sud Théâtre, 1995.

Robert BADINTER

UN ANTISÉMITISME ORDINAIRE

Vichy et les avocats juifs (1940-1944)

Fayard

À la mémoire des avocats fusillés
ou morts en déportation

1940-1945

« J'aurais voulu être avocat :
c'est le plus bel état du monde ».

VOLTAIRE

Avant-propos

Lorsque je devins avocat au barreau de Paris, la guerre et l'Occupation étaient encore présentes dans les esprits. Jeune stagiaire au Palais de Justice, j'incitais mes aînés à évoquer les années noires. Les plus valeureux racontaient volontiers leurs exploits dans la Résistance ou aux armées. Les autres décrivaient les événements dramatiques auxquels ils avaient assisté. Mais bien peu étaient enclins à retracer ce qu'avait été, pendant cette période, le sort des avocats juifs au Palais. Même ceux-ci demeuraient discrets à ce sujet. Tout au plus citaient-ils les noms de confrères qui les avaient aidés, ou d'autres dont les propos avantageux dérobaient, selon eux, un comportement moins glorieux. En règle générale, une chape de silence enveloppait l'histoire du Palais sous l'Occupation. Quant aux instances officielles, le Conseil de l'Ordre, les bâtonniers, elles avaient, une fois pour toutes, arrêté leur position : les avocats comme corps, le Barreau comme institution avaient été admirables pendant l'Occupation, d'autant plus admirables que les circonstances étaient plus tragiques. Ainsi rappelait-on en toute occasion la défense des résistants devant les tribunaux militaires allemands et les juridictions d'exception de Vichy, la fermeté des avocats au procès de Riom, le refus opposé à certaines pressions du gouvernement. En bref, l'Ordre des avocats avait été, durant les années noires, la citadelle de la Justice, et ses membres, à l'exception regrettable de quelques brebis galeuses, les défenseurs courageux des malheureux persécutés. Comme s'écriait l'un de ses membres les plus respectés, le bâtonnier Poignard, lors d'une cérémonie solennelle au Palais en juillet 1946, le barreau de Paris avait été le « rempart suprême des libertés[1] ».

*

* *

Les années s'écoulèrent. Le régime de Vichy et les comportements des Français sous l'Occupation faisaient l'objet de travaux historiques de plus en plus précis. On voyait, comme une épave qui lentement émerge des profondeurs de la mer, le régime de Vichy prendre corps sous les yeux du public. Les jeunes générations témoignaient à cet égard un intérêt plus vif que leurs aînés, comme si savoir importait plus que se souvenir. En particulier, au regard de la Shoah, la conscience de la signification morale de l'antisémitisme était devenue plus intense. La persécution des Juifs revêtait une importance accrue, contrastant avec le silence convenu de l'après-guerre. Et les recherches se multipliaient sur le sort fait aux Juifs par Vichy.

1. Cf. *infra*, épilogue, p. 208.

C'est ainsi que je fus amené à participer à certains travaux consacrés au statut des Juifs sous Vichy. En particulier, à l'automne 1994, je contribuai, à Dijon, à des journées d'étude sur le droit antisémite de Vichy, organisées par l'université de Bourgogne[1]. Je fus frappé de constater combien l'auditoire, composé pour une large part d'étudiants, semblait passionné par l'analyse, au demeurant austère, d'une législation d'exception. Dans le train qui me ramenait à Paris, je mesurai qu'il importait de savoir comment cette législation antisémite avait été appliquée par les acteurs du temps. Car aussi significatifs que les textes antisémites sont leur mise en œuvre par les autorités administratives ou judiciaires, ou les instances professionnelles, et l'accueil fait à ces mesures dans les milieux concernés. Je décidai donc de me mettre à l'ouvrage et de rechercher ce qu'avait été le sort réservé, en France métropolitaine[2], aux avocats juifs sous le régime de Vichy.

*

* *

Pourquoi, parmi tant de professions où l'exclusion des Juifs fut la règle sous Vichy, m'attacher plus particulièrement aux avocats ? Par commodité, sans

---

1. Cf. *Le Droit antisémite de Vichy*, « Le Genre humain », Seuil, 1996.

2. Le sort des avocats juifs des barreaux d'Afrique du Nord, par sa spécificité, appellerait une étude particulière, rendue difficile par le fait que les archives des Conseils de l'Ordre ne sont pas en la possession du Centre des archives d'outre-mer, à Aix. Le lecteur trouvera, dans l'annexe n° 1, la législation spéciale de Vichy à ce sujet, et certaines données sur ce qu'il advint dans les barreaux d'Algérie, de Tunisie et du Maroc sous le régime de Vichy.

doute, parce que l'accès aux archives m'était plus aisé et que la connaissance du monde judiciaire me facilitait la compréhension de ce qui était advenu.

Mais à ces motifs s'en ajoutaient d'autres, moins évidents. Le Barreau me paraissait un milieu privilégié pour étudier les réactions à l'antisémitisme d'État pratiqué par Vichy, précisément parce que les valeurs dont il se réclamait haut et fort – la défense des libertés, l'égalité de tous les avocats devant leur Ordre – se révélaient incompatibles avec l'idéologie du régime. De surcroît, comme la haute fonction publique, le Barreau semblait enraciné dans le régime républicain. De Gambetta à Poincaré, de Jules Ferry à Briand, de Waldeck-Rousseau à Paul Reynaud, la IIIe République avait été celle des avocats. Entre le Palais de Justice et le Palais-Bourbon, il y avait souvent continuité dans les carrières et identité dans les discours. Certes, dans l'une et l'autre enceinte, les voix d'extrême droite n'avaient jamais manqué pour dénoncer les institutions, les pratiques et les hommes de la République. Mais, par tradition et par esprit de corps, le Barreau se voulait indépendant à l'égard de tout pouvoir et volontiers frondeur. Appelés par leur profession à combattre les excès et les poursuites des régimes autoritaires qui s'étaient succédé en France jusqu'à l'installation de la République, les avocats paraissaient voués à affronter le pouvoir politique quel qu'il fût. Et, de fait, face au régime de Vichy, les Ordres d'avocats, et notamment le barreau de Paris, refusèrent de faire acte d'allégeance au maréchal Pétain, s'opposèrent à plusieurs reprises à son gouvernement et assumèrent, face aux juridictions allemandes ou françaises, leur mission de défense.

Confronté à une législation d'exception si contraire aux principes du Barreau qui refusait toute distinction d'origine entre ses membres, l'on pouvait donc s'attendre à ce que ce dernier s'opposât, au moins par une protestation solennelle, à une discrimination à caractère racial en son sein. Or, que révèlent les recherches, sinon l'acquiescement du Barreau à une législation si contraire à son éthique ? Non pas que tous les avocats de l'époque fussent antisémites ! L'affirmer serait odieux et reviendrait à nier tant d'actes de solidarité et d'assistance que de nombreux avocats ont accomplis, par amitié ou humanité, parfois au risque de leur liberté ou de leur vie, au profit de Juifs. Mais il demeure que la conception et l'émergence d'un « antisémitisme à la française », comme disait Xavier Vallat, avocat, Commissaire général aux Questions juives, ne suscitèrent dans les barreaux, ni refus de principe, ni rejet massif, ni protestation collective. D'où l'interrogation majeure : comment en est-on arrivé là, à cette acceptation complaisante ou résignée d'une législation raciste dans une France hier encore républicaine et patrie des Droits de l'homme ?

À cette question essentielle, dont la portée dépasse l'époque où elle s'inscrit, puissent les données ici rassemblées contribuer à apporter une réponse. Pour ma part, ce qui m'est apparu le plus clairement au cours de mes recherches, c'est le lien existant dans les années précédant la guerre, entre la xénophobie croissante de la société française y compris chez les Israélites français, et l'aisance avec laquelle, avec la défaite de 40 et l'occupation d'une grande partie du territoire, fut acceptée et mise en œuvre une législation antisémite faisant des Juifs des parias dans leur pays. Ce qui, à cet égard, transparaît au sein du Barreau vaut pour d'autres secteurs d'une société française, où, pour une large fraction de l'opinion, les Juifs même français étaient considérés en majorité comme des étrangers plus ou moins assimilés.

*
* *

Au-delà des enseignements que chacun pourra tirer de cet épisode douloureux de l'histoire du Barreau, j'ai voulu rappeler ce qu'endurèrent les victimes de ces mesures. Les déportations, la Shoah ont, par leur atrocité, presque recouvert les avanies et humiliations quotidiennes. L'avocat juif, qu'éprouvait-il en se voyant exclu du Barreau comme un avocat véreux, radié pour avoir gravement manqué à l'honneur et à la probité ? Il ne s'agissait pas seulement de l'incapacité où il se trouvait de gagner sa vie alors que toutes les autres voies lui étaient en droit ou en fait interdites. Il lui fallait encore se soumettre à toute une procédure dégradante : déclaration de judéité à souscrire, dossiers à constituer, démarches à accomplir. À leur terme, il recevait la notification de la décision judiciaire l'excluant de la profession qu'il exerçait jusque-là avec fierté. Car, pour les enfants des Juifs venus des ghettos d'Europe centrale et orientale ou des rivages de la Méditerranée, être avocat au barreau de Paris constituait une promotion sociale éclatante, et comme une récompense après tant d'épreuves traversées, tant de misère surmontée. Pour les parents, la représentation du fils en robe noire défendant, dans un français à leurs yeux sublime, le persécuté contre l'injustice, apparaissait comme la réalisation d'un rêve que l'amour des siens et la passion des études avaient permis à leur enfant chéri d'exaucer. Nul ne dira jamais avec assez de force l'émotion qui soulevait alors ces âmes juives où se mêlaient la reconnaissance envers la France qui avait fait de leur enfant cet avocat, et l'amour pour cet enfant dont ils tiraient gloire. Chez ces avocats juifs aux noms à consonances étrangères que certains écorchaient volontiers au Palais, le rêve ancestral enfin réalisé nourrissait une passion de la profession qu'ils exerçaient avec une ardeur jugée parfois excessive. Cette passion-là leur était dorénavant interdite. Au regard du sort qu'ils savaient les menacer, car ils avaient grandi dans le récit des persécutions, l'exclusion de la profession pouvait paraître peu de chose. Mais elle les atteignait jusqu'à l'âme.

Aussi cruelle était la blessure causée aux avocats juifs, Français de vieille souche, dont les familles, enracinées depuis des lustres dans la société française, s'étaient illustrées dans la Magistrature, l'Armée, l'Université ou le Barreau. L'antisémitisme, ils le connaissaient ; jusqu'au sein du Barreau, ils en avaient ressenti l'amertume. Mais affronter les préjugés, voire la haine, est un défi pour les âmes fières. En revanche, qu'une loi française promulguée par un maréchal de France, incarnation de la gloire nationale, les déclarât indignes d'exercer, les dégradât professionnellement comme on avait jadis brisé l'épée et arraché les épaulettes de Dreyfus, voilà qui constituait pour eux une douleur sans limite. Pour ces Israélites qui se pensaient et se voulaient totalement français, la souffrance était si profonde que la plupart ne s'en ouvraient qu'à leurs proches ou à leur journal. Encore se raccrochaient-ils à l'idée que ces lois françaises monstrueuses n'étaient que la traduction de diktats allemands auxquels Vichy ne pouvait résister. Il n'en demeurait pas moins que le gouvernement légal de la France les jetait hors de leur profession et que les membres de Conseils de l'Ordre qu'ils connaissaient de longue date, des magistrats qu'ils avaient fréquentés, acceptaient de conduire à leur encontre ces procédures d'exclusion. Aussi vécurent-ils des moments douloureux en attendant l'heure de la Libération. Nombreux furent ceux qui rejoignirent la France libre ou la Résistance. Tel Léon-Maurice Nordmann, brillant jeune avocat, promis à une grande carrière professionnelle qui disait, à la veille de la guerre, à propos des Juifs en France et au Palais : « C'est l'histoire d'un amour malheureux[1]. » Résistant de la première heure, condamné à mort par une cour martiale allemande, Nordmann fut fusillé au Mont-Valérien en février 1942.

---

1. In Lucienne Scheid, « Notice sur Léon Maurice Nordmann », *Bulletin de l'association amicale des secrétaires et anciens secrétaires de la conférence des avocats*, Annuaire du Palais, 1995, p. 185.

CHAPITRE PREMIER

La question juive

« Je suis anti-juif parce que xénophobe. »
XAVIER VALLAT[1]

L'antisémitisme au Barreau

« Au barreau de Paris, il y a toujours eu une question juive[2] », écrivait en 1949 le bâtonnier Jacques Charpentier. Élu par les avocats de Paris à la tête de leur Ordre en 1938, il avait assumé cette fonction jusqu'en 1946. Esprit libre, homme de caractère, civiliste réputé, il avait fait preuve d'indépendance et de courage pendant l'occupation allemande. Écrivant ces lignes cinq ans après la Libération, Charpentier n'exprimait pas une opinion, il formulait un constat : au

1. Xavier Vallat, *Le Nez de Cléopâtre, souvenirs d'un homme de droite*, 1941-1945, préface de Charles Maurras, Éditions Les Quatre Fils Aymon, Paris, 1957, p. 227.
2. Jacques Charpentier, *Au service de la Liberté*, Fayard, 1949, p. 152.

barreau de Paris régnait, avant-guerre, un antisémitisme traditionnel[1].

Certes, l'égalité des droits entre avocats était un principe toujours affirmé au Barreau, tout comme l'égalité des citoyens dans la République. Depuis que la Révolution avait en 1791 émancipé les Juifs[2], ils pouvaient accéder librement à toutes les professions. Et nombreux étaient ceux qui choisissaient celle d'avocat. La tradition juive de l'étude de la Loi n'était pas étrangère à ces vocations. Mais si les avocats juifs jouissaient au sein du Barreau des mêmes droits que leurs confrères, un subtil système de sélection et d'exclusion leur barrait la voie des honneurs et des responsabilités professionnelles.

Il en allait ainsi dès l'orée de leur carrière. À Paris, les jeunes avocats se mesuraient dans un concours d'éloquence, la Conférence du stage. Douze d'entre eux, réputés les plus brillants de la promotion de l'année, étaient choisis comme « secrétaires de la Conférence » par leurs prédécesseurs de la promotion antérieure. Dans cette pépinière de jeunes talents se recrutait la future élite du Barreau, promise aux grandes carrières judiciaires et politiques. En fait, selon une coutume inavouée mais toujours respectée, s'exerçait au sein de la Conférence du stage une sélection particulière à l'encontre des Juifs. Cette pratique

1. Sur l'attitude des avocats pendant l'affaire Dreyfus, plus nombreux à se ranger dans le camp des anti-dreyfusards qu'à demander la révision de la condamnation de Dreyfus, cf. Christophe Charle, « Le déclin de la République des avocats » dans *La France de l'Affaire Dreyfus*, sous la direction de Pierre Birnbaum, Gallimard, 1996, pp. 68-82.

2. Cf. Robert Badinter, *Libres et Égaux. L'émancipation des Juifs, 1789-1791*, Fayard, 1989.

était d'autant plus remarquable qu'elle était le fait de jeunes avocats à l'égard de confrères, comme eux stagiaires, mais juifs. Ainsi, d'année en année, l'antisémitisme traditionnel du Palais était reconduit et reproduit par le jeune Barreau lui-même. Jacques Isorni, premier secrétaire de la Conférence en 1936, a raconté plaisamment comment la règle fut méconnue par sa promotion l'année suivante :

« Le Palais, de majorité antisémite, avait toujours respecté, si on ose dire, le *numerus clausus* à l'égard des Juifs. Il y en avait toujours eu deux, pas un de plus, quel que fût le nombre des mérites. D'autre part, il n'y avait jamais eu de femme Premier secrétaire de la Conférence. Cette année-là, le candidat qui, par le talent, devait être nommé à la place de Premier secrétaire, était à la fois femme et juive. Un comble ! (...) Je me battis pour elle (...). C'était un sentiment de justice, peut-être un sentiment de dignité qui me faisait entrer en lice contre le racisme non écrit du Palais. En outre, trois autres Juifs devaient être également nommés parce que c'était juste (...). Nous avions quatre Juifs ! On était loin du *numerus clausus*... Sitôt parue, la liste me valut des commentaires insidieux ou franchement désagréables. Certains insinuèrent que j'étais un Juif de Florence[1]... »

La maturité arrivée, le moment était venu, pour l'avocat soucieux de considération professionnelle, d'être élu par ses confrères au Conseil de l'Ordre, gardien des traditions, défenseur des intérêts profession-

1. Jacques Isorni, *Mémoires (1911-1945)*, Robert Laffont, 1984, pp. 115-117. Le premier secrétaire de la Conférence pour 1937 fut Lucienne Scheid. Jacques Isorni était d'origine italienne ; il fut l'un des avocats du maréchal Pétain.

nels et juge disciplinaire du Barreau. L'antisémitisme du Palais trouvait dans ces élections une occasion de s'exercer. Bien des avocats juifs alliaient la compétence à l'intégrité professionnelle. Mais rares étaient ceux qui étaient élus au Conseil de l'Ordre. Rien n'est plus révélateur à cet égard que le résultat des élections de juin 1939. Parmi les vingt-cinq membres élus au Conseil, on ne comptait aucun avocat juif[1]. En revanche y figurait Xavier Vallat, antisémite notoire, qui sera nommé en 1941 Commissaire général aux Questions juives du gouvernement de Vichy. Député d'extrême droite, il avait fait scandale en attaquant Léon Blum, devenu Président du Conseil des ministres, le 6 juin 1936, à la tribune de la Chambre : « Pour la première fois, ce vieux pays gallo-romain va être gouverné par un Juif[2]... » Quelques jours plus tard (le 24 juin), Xavier Vallat avait été élu par ses confrères membre du Conseil de l'Ordre. Cette élection était d'autant plus significative que ni ses mérites professionnels, ni son ancienneté ne paraissaient de nature à appeler pareille consécration[3].

1. Cf. les résultats des élections au Conseil de l'Ordre, publiés dans *La Vie judiciaire* des 30 juin et 10 juillet 1939.

2. *J.O.*, Débats parlementaires, Chambre des députés, 6 juin 1936, p. 1327.

3. Cf. *La Vie judiciaire*, 30 juin 1936. Le minimum d'ancienneté exigé pour être éligible était de dix ans ; Xavier Vallat était inscrit au Tableau de l'Ordre des avocats depuis 12 ans. Il s'agissait bien là, au regard des usages, d'une élection précoce. Xavier Vallat fut réélu au Conseil de l'Ordre en 1937, 1938 et 1939. Déjà, lors de l'Affaire Dreyfus, les élections au Conseil de l'Ordre de Paris avaient vu le succès des avocats anti-dreyfusards, notamment Tézenas du Montiel, avocat d'Esterhazy, et Chenu, avocat de la Ligue des patriotes français, en même temps que l'échec de Labori, avocat de Dreyfus, qui ne fut difficilement élu qu'en 1905 après la révision. Cf. Christophe Charles, *op. cit.*, pp. 76-82.

Enfin, au faîte du cursus des honneurs professionnels, le bâtonnier était élu par les avocats pour diriger l'Ordre et présider le Conseil. Le bâtonnat couronnait une carrière professionnelle éminente ; il assurait à son titulaire prestige et pouvoir pendant deux ans, considération et profit pour le reste de ses jours. Or jamais, à Paris, le Barreau n'avait placé à sa tête un bâtonnier juif. Il est difficile de croire que, en un siècle et demi, aucun avocat juif n'ait réuni les qualités de compétence, d'intégrité et de talent que le Barreau requiert de ses bâtonniers. Pour ne citer qu'un exemple, Pierre Masse, d'origine juive dont le destin sera évoqué à plusieurs reprises, réunissait en sa personne toutes les qualités souhaitées d'un bâtonnier. Il était issu d'une vieille famille de juristes, son père avait été un haut magistrat, il avait fait de brillantes études de droit. Avocat à vingt et un ans, Premier secrétaire de la Conférence du stage, éminent civiliste, sa carrière professionnelle était aussi brillante que sa carrière politique. Conseiller général en 1907, député en 1914, Pierre Masse s'était fait affecter au front. Plusieurs fois cité, blessé, décoré de la Légion d'honneur à titre militaire, il avait été appelé au gouvernement en 1917 par Clemenceau comme sous-secrétaire d'État à la Guerre. Sénateur radical de l'Hérault, « républicain modéré, mais pas modérément républicain », selon le mot célèbre, Pierre Masse aspirait au bâtonnat. Il avait appartenu au Conseil de l'Ordre, jouissait d'une réputation professionnelle considérable et d'une autorité morale reconnue. Il se présenta en 1933 et fut battu. Retraçant l'épisode après la guerre, le bâtonnier Marcel Héraud déclarait en termes pudiques : « L'âge, la prestance, la religion, les opinions politiques ou même le timbre de la voix ou la qualité du sourire suffisent à déplacer les quelques votes dont dépend toujours une élection (...). Pierre Masse est mort sans avoir été bâtonnier. L'essentiel pour sa mémoire est qu'il ait été digne de l'être[1]... » Pour sa mémoire, peut-être, mais pour lui ?

La question antisémite

Ainsi, de ce *cursus honorum* si important dans un milieu profondément sensible aux distinctions et aux décorations, les avocats juifs se trouvaient sinon complètement exclus, du moins discrètement écartés. Dans un État républicain fondé sur la Déclaration des droits de l'homme et dont le discours officiel invoquait sans cesse les valeurs de la Grande Révolution, la première interrogation à propos des Juifs, au Palais comme dans toute la cité, aurait dû porter non pas sur la « question juive », mais sur celle de l'antisémitisme. Reconnaître l'existence de l'une, comme le faisait le bâtonnier Charpentier, conduisait nécessairement à poser l'autre : pourquoi cet antisémitisme constant dans un milieu professionnel qui se réclamait si haut et fort des principes d'égalité et de confraternité entre ses membres ? La réponse traditionnelle, immanquablement formulée, était : « Parce qu'il y a trop de Juifs au Palais. » Comme si les avocats juifs étaient d'une

1. Marcel Héraud, « Notice sur Pierre Masse », *Bulletin de l'Association amicale des secrétaires et anciens secrétaires de la Conférence des avocats*, Annuaire du Palais, 1954, p. 151 ; cf. bâtonnier Mario Stasi, *Éloge de Pierre Masse, discours à la rentrée de la Conférence du stage*, Paris, 1963. Souligné par nous.

espèce différente et que celle-ci n'était tolérable, pour la santé du corps professionnel, qu'à doses homéopathiques. Ce propos raciste s'inscrivait dans la longue tradition de l'antisémitisme qui voyait dans le Juif un corps étranger, dangereux par nature et inassimilable par la communauté nationale.

Quel était donc le nombre d'avocats juifs à la veille de la guerre de 1939 ? Il est difficile de répondre avec précision, car le principe de laïcité interdisait toute interrogation sur la confession d'un avocat lors de son inscription à l'Ordre. Seules les données recueillies sous l'empire des lois de Vichy permettent de cerner approximativement la proportion d'avocats juifs au sein des barreaux français.

S'agissant du barreau de Paris, lors de l'exposition antisémite organisée dans la capitale en septembre 1941 au Palais Berlitz sur le thème « Le Juif et la France », une grande affiche dénonçait « l'envahissement du barreau parisien par les Juifs... » et proclamait en gros caractères, sous les portraits d'avocats juifs : « Rien qu'à Paris, 664 Juifs sur 2 025 avocats (30 %)[1]. » En fait, en recoupant les diverses sources d'information, on peut, avec beaucoup de prudence, avancer que le barreau de Paris pouvait compter environ 400 avocats d'origine juive sur un effectif total avoisinant 2 500 membres[2].

1. Catalogue de l'exposition « Le Juif et la France », organisée par l'« Institut d'Études des Questions juives » entre le 7 septembre et le 14 décembre 1941. Cf. A. Kaspi, « Le Juif et la France, une exposition à Paris en 1941 », *Le Monde juif*, n° 79, 1975, pp. 8, 20. *Cf.* annexe 12.

2. Lors du recensement des avocats juifs ordonné par le décret du 16 juillet 1941, 294 furent considérés comme tels au sein de l'Ordre des avocats de Paris. Parmi eux, dix échappèrent à l'appli-

Antisémitisme et xénophobie

En réalité, depuis 1930, c'était moins le nombre de Juifs qu'invoquaient et dénonçaient les antisémites, que la présence massive d'immigrés que l'on assimilait aux Juifs. S'agissant de la profession d'avocat, interdite par la loi aux étrangers, le propos peut surprendre. Il n'empêche : selon le bâtonnier Charpentier, « elle [la question juive au Barreau] s'était aggravée depuis quelques années par l'arrivée de nombreux réfugiés politiques qui, à la faveur des facilités accordées pour la naturalisation, avaient apporté parmi nous des mœurs étrangères et une conception de la justice très différente de la nôtre[1] ».

Cette considération conduit au cœur de la problématique de l'antisémitisme au sein du Barreau français dans les années trente. Le Barreau ne vit pas à l'écart de la société, et les Palais de justice ne sont pas des monastères isolés voués au service du Droit. Par

---

cation de la législation antisémite, soit à la suite de leur démission du Barreau, soit parce qu'ils établirent leur non-appartenance à la race juive. En revanche, la Cour d'appel de Paris décida, en 1942 et 1943, de mesures à l'encontre de 30 avocats juifs non compris dans la liste initiale des 294.

À ceux-là, il convient d'ajouter au moins 60 avocats pouvant être considérés comme juifs selon les lois de Vichy mais déjà exclus du Barreau en application de la loi du 17 septembre 1940 interdisant d'être avocats aux Français qui n'étaient pas nés de pères français. Cette estimation se fonde sur un double indice : nom à consonance juive et premier ou deuxième prénom tiré de l'Ancien Testament. Vraisemblablement, le nombre des avocats juifs exclus du barreau par application de la loi xénophobe du 17 septembre 1940 fut supérieur. Par erreur, une dizaine de ces avocats furent de nouveau exclus par la Cour d'appel en 1942 alors qu'ils n'appartenaient déjà plus au Barreau.

1. Jacques Charpentier, *op. cit.*, p. 152.

leur fonction, les avocats sont au cœur des passions et des conflits de la société et en éprouvent toutes les tensions. De surcroît, comme dans toute profession libérale, ils sont exposés à la concurrence de leurs confrères. La confrontation quotidienne est inhérente à leur métier. La xénophobie avait ainsi trouvé au Palais, dans les années trente, une cible privilégiée dans les avocats d'origine étrangère, parmi lesquels les Juifs étaient nombreux.

En cela, le Barreau ne différait guère du reste de la société française. La xénophobie, qui souvent marque les périodes de grandes difficultés économiques, avait atteint, à la veille de la guerre, une intensité particulière. Depuis 1931, la crise rongeait l'économie française, accompagnée de son cortège habituel : chômage et faillites. Les syndicats s'inquiétaient de l'afflux d'une main-d'œuvre étrangère qui acceptait de travailler, souvent clandestinement, pour des salaires réduits, voire de famine. Commerçants et artisans dénonçaient les pratiques de leurs concurrents immigrés qui recouraient abondamment à cette main-d'œuvre. Quant aux membres des professions libérales, ils stigmatisaient l'« invasion » de confrères naturalisés, ou issus d'immigrés. Le slogan nationaliste « la France aux Français ! », largement répandu, exprimait ce rejet des étrangers. Ce n'était pas seulement à droite que l'on demandait des mesures de protection contre la concurrence des immigrés ou que l'on dénonçait les méfaits imputés aux clandestins[1].

1. Cf. notamment Ralph Schor, *L'Opinion publique et les étrangers, 1919-1939*, Publications de la Sorbonne, 1985. Et Pierre Andreau, *La condition des étrangers en France*, Paris, Guillaumin, 1986.

Au cours des débats parlementaires portant sur ce thème dans les années trente[1], certains représentants de la gauche, notamment des radicaux, n'étaient pas les moins ardents à réclamer des mesures à l'encontre des étrangers[2]. S'agissant de la profession médicale, certains parlementaires, afin d'en barrer l'accès aux étrangers, évoquaient la nécessité, pour le praticien, « d'être capable de comprendre les finesses et les délicatesses de notre race, capable aussi de les assimiler[3] ». Un député dénonçait parmi les étrangers « le plus grand nombre de praticiens marron » et exigeait qu'on en finisse avec « la médecine des mercantis », pour faire revivre l'esprit « sacerdotal » de la médecine française[4].

Les mêmes arguments étaient repris à propos de la profession d'avocat. Le 22 juin 1934, un membre du Barreau, Félix Aulois, député de la Nièvre, déposait une proposition de loi tendant à interdire à tout naturalisé, pendant dix ans à dater du décret de naturalisation, l'accès aux fonctions publiques rétribuées par l'État, l'inscription au Barreau, ou la possibilité d'être titulaire d'un office ministériel. Dans son exposé des motifs, Aulois soulignait qu'il convenait d'écarter les

1. Marie-Claire Reviglio-Laval, « Parlementaires xénophobes et antisémites sous la IIIe République », in *Le Droit antisémite de Vichy*, Paris, Seuil, 1996, pp. 84-114.

2. Édouard Herriot, dès 1924, s'indignait « de ce que la France soit la terre d'élection des indésirables », *J.O.*, Débats parlementaires, Chambre des députés, 20 mars 1924, p. 1450.

3. Sénateur Dentu, *J.O.*, Débats parlementaires, Sénat, 9 juin 1931, p. 1024. Cf. Marie-Claire Reviglio-Laval, *op. cit.*, p. 101.

4. Rapport du député Bonnefous. *J.O.*, Documents parlementaires, Chambre des députés, 22 janvier 1932, p. 96. Cf. Marie-Claire Reviglio-Laval, *ibid.*

naturalisés « de certaines fonctions qui réclament plus que d'autres une complète assimilation aux idées, aux habitudes et à la langue de notre pays[1] ». Avec une célérité exceptionnelle, la proposition fut inscrite à l'ordre du jour, votée sans débat par la Chambre et le Sénat, et promulguée le 19 juillet 1934. Le Barreau avait obtenu satisfaction[2]. Le Conseil de l'Ordre de Paris rejeta même les candidatures de ceux qui avaient été naturalisés avant cette loi de 1934[3]. Les avocats étaient dorénavant protégés contre la concurrence des nouveaux naturalisés. À la veille de la guerre, la xénophobie n'en demeurait pas moins vive, au sein du Barreau comme dans le reste de la société française.

Il est vrai que la IIIe République avait délibérément encouragé l'immigration. La faible natalité, comparée à celle des pays voisins, particulièrement de l'Allemagne, avait commandé ce choix politique. Il fallait à la France des travailleurs et des soldats. C'est pourquoi des lois de 1889 et de 1927 avaient favorisé l'accès à la nationalité française des enfants étrangers nés sur le sol de France, en même temps qu'elles avaient facilité la naturalisation des étrangers, notamment de ceux qui avaient des enfants. Le nombre de naturalisés s'était accru considérablement à partir de

1. *J.O.*, Documents parlementaires, Chambre des députés, 22 juin 1934, annexe 3655, p. 280.

2. Cf. Ralph Schor, *L'Opinion publique et les étrangers, 1919-1939*, *op. cit.*, p. 601. Cf. Marie-Claire Reviglio-Laval, « C'était une loi faite par des avocats pour des avocats », in *Le Droit antisémite de Vichy*, *op. cit.*, p. 104.

3. Cf. G. Noiriel, *Le Creuset français, histoire de l'immigration, XIXe-XXe siècle*, Seuil, 1988, p. 285.

1927[1]. Dans l'opinion publique, le sentiment commun était que ces naturalisés comptaient une forte proportion de Juifs[2].

De 1927 à 1934, les nouveaux naturalisés avaient pu, dans les mêmes conditions que les autres citoyens français, accéder au Barreau. Cette présence avait irrité un milieu profondément conservateur et volontiers nationaliste. La crise économique, attisant la concurrence professionnelle, renforçait cette exaspération. Dans l'atmosphère de xénophobie qui prévalait alors, ces naturalisés de fraîche date étaient des cibles aisées pour les antisémites. Car, au Palais comme dans le reste de la société française, parmi les étrangers, c'étaient d'abord les Juifs que l'on dénonçait, comme si le fait d'être Juif ajoutait une circonstance aggravante au discrédit d'être étranger.

« Sont entrés chez nous (...), écrivait en 1939 Jean Giraudoux, des centaines de mille d'Ashkenazis échappés des ghettos polonais ou roumains (...), entraînés depuis des siècles à travailler dans les pires conditions, qui éliminent nos compatriotes, tout en détruisant leurs usages professionnels et leurs traditions, de tous les métiers du petit artisanat... Tous ces

---

1. En 1926, le nombre de personnes ayant acquis la nationalité française par l'une ou l'autre des dispositions prévues par la loi est de 45 000. En 1927, il est de 86 000. En 1928, de 71 000. Sur l'ensemble de la période 1927-1940, près de 900 000 personnes auraient acquis la nationalité française. Cf. Bernard Laguerre : « Les dénaturalisés de Vichy, 1940-1944 », *Vingtième siècle*, n° 20, 1988, pp. 3-5, cité in Catherine Kessedjian, « Le Juif "déchu" de la nationalité française », in *Le Droit antisémite de Vichy, op. cit.*, p. 232.

2. En fait, ils représentèrent moins de 4 % des naturalisés de la période 1927-40. Cf. Bernard Laguerre, « Les dénaturalisés de Vichy, 1940-1944 », *op. cit.*, pp. 11-12.

émigrés, habitués à vivre en marge de l'État et à en éluder les lois (...), apportent là où ils passent l'à-peu-près, l'action clandestine, la concussion, la corruption (...). Horde qui s'arrange [*sic*] pour être déchue de ses droits nationaux et braver ainsi toutes les expulsions, et que sa constitution physique, précaire et anormale, amène par milliers dans nos hôpitaux, qu'elle encombre[1]... »

Giraudoux n'était pas Céline ou Brasillach. Ce n'était pas un antisémite fanatique. Son œuvre était lue et admirée par les esprits cultivés, nombreux au sein du Barreau. Nul doute qu'il exprimait là une conviction répandue parmi les élites françaises. Le bâtonnier Charpentier s'en faisait l'écho quand il écrivait :

« Avant la guerre, nous avions été envahis par des naturalisés de fraîche date, presque tous d'origine orientale, dont le langage, commenté par les petits journaux, nous couvrait de ridicule, et qui apportaient dans la conduite des litiges les procédés de leurs bazars[2]. »

Ainsi les esprits étaient-ils préparés, à la veille de la guerre, à ce qui allait advenir au lendemain du désastre militaire. Dans la dernière décennie de la IIIe République, diverses mesures toujours plus restrictives ou répressives prises contre les étrangers avaient banalisé les dispositions d'exception. Les incapacités accrues frappant les naturalisés de fraîche date témoignaient que certaines catégories de Fran-

1. Jean Giraudoux, *Pleins pouvoirs*, Gallimard, 1939, réédition, *De pleins pouvoirs à sans pouvoirs*, Julliard, 1994, p. 66.
2. Jacques Charpentier, *Au service de la Liberté, op. cit.*, p. 127.

çais pouvaient n'être pas à égalité de droits avec les autres. Or, dans l'opinion publique, le problème juif se confondait alors avec celui des immigrés. L'afflux de réfugiés politiques venus d'Europe centrale et orientale dans les années 1934-39 pour échapper aux persécutions des régimes totalitaires avait contribué à renforcer cette identification[1]. L'immigré était assimilé au réfugié, lui-même considéré comme Juif. À la faveur de la profonde crise économique, sociale et politique quc traversait le pays dans les années d'avant-guerre, nombreux étaient ceux qui considéraient qu'il y avait trop d'étrangers, trop de naturalisés, trop de Juifs parmi les naturalisés, et, en définitive, trop de Juifs en France. Tout au long de la décennie, la xénophobie avait largement ouvert la voie à l'antisémitisme[2]. Il suffisait que les Juifs fussent perçus par le législateur comme des étrangers *par nature*, inassimilables à la communauté nationale, pour que des mesures de restriction et d'exclusion pussent être édictées contre eux. La défaite et l'effondrement de la République allaient permettre à l'antisémitisme parvenu au pouvoir de régler à sa façon la « question juive » qu'il avait lui-même posée.

1. Selon les estimations retenues par Marrus et Paxton, « La France a peut-être reçu environ 55 000 Juifs de toutes nationalités dans la période 1933-1939 », in *Vichy et les Juifs*, Paris, Calmann-Lévy, 1981, p. 45.

2. Sur les liens entre xénophobes et antisémites dans les années trente, cf. notamment Ralph Schor, *L'antisémitisme en France pendant les années 30*, Éditions Complexe, 1992 ; Pierre Birnbaum, *Les Fous de la République : histoire politique des Juifs de Gambetta à Vichy*, Paris, Fayard, 1992 ; du même auteur, *Un mythe politique : la République juive*, Seuil, 1930, pp. 326-333, et *La France aux Français. Histoire des haines nationalistes*, Seuil, 1993 ; cf. aussi Marrus et Paxton, *op. cit.*, chap. 2, pp. 38-70.

CHAPITRE II

« *La lune de miel*[1] »

La défaite, ou plutôt la débâcle de nos armées avait emporté la République. Le maréchal Pétain n'avait pas pris le pouvoir : les parlementaires le lui avaient abandonné dans l'angoisse, la honte et la précipitation, comme un fardeau trop lourd pour leurs faibles épaules. Sillonnée par les réfugiés, largement occupée par les Allemands, privée d'un million et demi de prisonniers, la France, qui avait traversé tant d'épreuves, paraissait écrasée par le désastre. Les Français s'en remettaient pour leur salut au « beau vieillard » au visage marmoréen[2] qui symbolisait la grandeur du passé et égrenait d'une voix chevrotante des paroles de contrition. Il incarnait la France, et tout ce que le Maréchal décidait était proclamé bon pour la France. Sa personne et sa parole étaient comme sacrées. À Londres, à la radio, un héros solitaire, flanqué de

1. Titre du chapitre IX de l'ouvrage du bâtonnier Charpentier, *Au service de la Liberté, op. cit.*, p. 123, où il évoque les premiers rapports du Barreau avec Vichy.

2. Cf. Joseph Barthélemy : « Le Maréchal est doté d'une beauté souveraine, d'une beauté qui est le reflet d'une âme haute et consciente de sa mission... », in *Ministre de la Justice, Vichy 1941-1943, mémoires*, Pygmalion-Watelet, Paris, 1989, p. 63.

quelques compagnons, pouvait continuer la lutte et appeler à transformer le désastre d'aujourd'hui en victoire de demain ; bien peu l'entendaient, moins encore le ralliaient. Pour l'immense majorité des Français, en cet été 40, la France c'était Pétain, et Pétain était la France.

À toute défaite il faut des responsables. Il y avait bien des présidents du Conseil, des ministres, des hommes politiques qui avaient gouverné la France au cours des dernières années. Quelques-uns furent arrêtés et on entreprit de les juger. Mais il fallait d'autres boucs émissaires, des forces obscures et maléfiques acharnées à détruire la Nation en altérant son identité, en volant aux Français leur travail et leurs richesses. Ces ennemis-là, depuis des lustres, la droite la plus nationaliste et l'extrême droite les avaient dénoncés : les Juifs, les francs-maçons, les communistes et les immigrés. Le désastre militaire n'était pas imputé à l'impéritie et à la sclérose du Haut Commandement qu'avaient longtemps dominé Pétain et Weygand. La défaite devenait le fruit empoisonné de la République. L'heure était venue de la revanche sur elle, et ses principes inspirés par la philosophie des Lumières.

Les premières mesures, ou la xénophobie à l'œuvre

De cette passion idéologique témoigne la succession précipitée des lois prises contre les francs-maçons, les étrangers et les Juifs dès les premières semaines du régime de Vichy[1]. Jamais pourtant le gouvernement de la France n'avait eu à faire face à une situation aussi dramatique : un pays ravagé par la guerre, découpé en zones dont la plus vaste et la plus riche était occupée par les Allemands, des millions de réfugiés loin de leur foyer, des communications détruites, un ravitaillement difficile, l'activité économique paralysée, les maigres ressources soumises aux prélèvements massifs des occupants. Confronté à ces problèmes vitaux qui réclamaient des solutions urgentes, le gouvernement de Vichy n'en considérait pas moins comme prioritaires les mesures contre les francs-maçons, les Juifs et tous ceux que l'on appelait les « métèques » : immigrés étrangers ou apatrides, naturalisés de fraîche date, et jusqu'aux enfants d'étrangers nés sur le sol français et déclarés français à leur naissance par leurs parents. Il ne s'agissait pas là d'une conception raciste de la Nation, comme dans l'Allemagne hitlérienne : la longue histoire de l'immigration en France interdisait pareille vision ; mais d'une conception de l'identité française comme fruit d'une longue culture héréditaire que seuls le temps, l'enracinement, une mystérieuse imprégnation au fil des générations successives pouvaient produire. Barrès et Maurras rejoignaient Drumont dans cette approche alchimique de l'identité nationale. De même qu'avant la Révolution il fallait justifier, pour devenir officier, de la qualité de noble depuis plusieurs géné-

1. Dès les premiers jours de juillet 1940, Pierre Laval faisait savoir à Otto Abetz, ambassadeur d'Allemagne à Paris, que le gouvernement préparait une loi barrant aux Juifs et aux francs-maçons l'accès aux fonctions publiques. Cf. Philippe Burrin, *La Dérive fasciste*, Seuil, Paris, 1986, p. 352.

rations, de même l'idéologie de Vichy entendait-elle réserver aux seuls Français de souche le service de l'État et l'exercice des professions « nobles » dans l'État.

Ainsi le nouveau régime affirma dès ses premières lois sa nature nationaliste et xénophobe. Deux jours après la naissance de l'« État français », une loi du 12 juillet 1940 interdit à celui qui n'était pas né français, de parents français, d'appartenir à un cabinet ministériel[1]. Le 17 juillet, tout emploi dans les administrations de l'État, des départements, des communes et des établissements publics, fut interdit à quiconque ne possédait pas la nationalité française à titre originaire comme étant né de père français[2].

Des exceptions étaient prévues en faveur des anciens combattants de 1914-18 ou de 1939-40, ou de leurs descendants en ligne directe. Le « baptême du sang » lavait le Français d'origine étrangère de sa filiation impure. La loi du 14 août 1940 étendit le même bénéfice aux habitants d'Alsace-Lorraine, à certaines catégories d'enfants naturels, et prévit des dispenses « à titre exceptionnel » par décret rendu sur avis conforme et motivé de la section compétente du Conseil d'État[3]. Le 13 septembre 1940, ces dispositions furent étendues à l'Administration des colonies.

Le 22 juillet 1940, par une loi à portée rétroactive, le gouvernement décida qu'il serait procédé à la révision

1. Loi du 12 juillet 1940, *J.O.*, p. 4958.

2. Loi du 17 juillet 1940, *J.O.*, p. 4537. Une loi du 13 août 1940 visant les francs-maçons s'attacha à dissoudre les sociétés « secrètes ». Tous ceux qui exerçaient une fonction publique devaient jurer qu'ils n'en faisaient pas partie. *J.O.* du 14 août 1940, p. 4691.

3. Loi du 14 août 1940, *J.O.* du 15 août 1940, p. 4701.

des naturalisations intervenues depuis la loi du 10 août 1927 sur la nationalité[1]. Déjà, le 16 juillet, une première loi avait modifié l'article 10 de cette loi de 1927 sur la déchéance de la nationalité, encourue en cas de crime ou délit perpétré par le naturalisé, en disposant que celle-ci pourrait être prononcée même si l'acquisition de la nationalité française avait été antérieure à la loi. Mais cette faculté de déchoir de la naturalisation apparaissait encore trop restreinte au nouveau régime, et les garanties de procédure[2] accordées à l'intéressé, trop contraignantes. Aussi la loi du 22 juillet 1940 institua-t-elle une commission composée de magistrats[3] et de fonctionnaires, chargée d'examiner les dossiers de naturalisation. Sur avis de cette commission, le garde des Sceaux décidait du retrait de la nationalité ; la mesure pouvait s'étendre à la femme et aux enfants. La commission se prononçait au vu du dossier, sans audition de l'intéressé ni enquête préalable[4].

S'agissant des professions libérales, l'exigence d'être né de père français fut imposée d'abord aux médecins, chirurgiens-dentistes et pharmaciens par

1. Loi du 22 juillet 1940, *J.O.* du 23 juillet 1940, p. 4567.
2. La déchéance était prononcée à la demande du ministre de l'Intérieur par décret rendu par le garde des Sceaux, sur avis conforme du Conseil d'État. L'intéressé pouvait faire valoir ses observations écrites.
3. Parmi eux figurait le futur procureur général près la Haute Cour de Justice, Mornet, qui devait requérir contre Pétain en août 1945.
4. La commission œuvra avec zèle. Elle retira la nationalité à 15 154 immigrés, dont 6 037 Juifs. Cf. Robert O. Paxton, *La France de Vichy, 1940-1944*, Paris, Seuil, p. 169, et Bernard Laguerre, « Les dénaturalisés de Vichy », *op. cit.*, pp. 3-15.

une loi du 16 août 1940[1]. La disposition fut étendue aux avocats par la loi du 10 septembre 1940. L'article premier de cette loi interdit l'exercice de la profession d'avocat à quiconque « ne possède pas la nationalité française à titre originaire comme étant né d'un père français ». Étaient exemptés de la mesure les avocats nés en Alsace-Lorraine et réintégrés de plein droit dans la nationalité française après 1918. Également ceux qui avaient servi dans une unité combattante de l'armée française au cours des guerres de 1914 ou de 1939, ainsi que leurs descendants directs. À titre exceptionnel, sur proposition du Conseil de l'Ordre, un avocat de nationalité française, né d'un père non français, pouvait être relevé de l'interdiction par arrêté du garde des Sceaux[2].

L'accueil du Barreau à cette loi marquée de xénophobie fut favorable. « Depuis quelques années, écrit le bâtonnier Charpentier, cette mesure était vivement souhaitée par le barreau de Paris. Si un pays qui souffre d'une crise de natalité est obligé de favoriser l'immigration, certaines professions, dont la nôtre, exigent un minimum d'assimilation (...). À cet égard, la politique de Vichy se rencontrait avec nos intérêts professionnels...[3] »

1. Loi du 16 août 1940, *J.O.* du 19 août 1940, p. 4735. Modifiée et complétée par une loi du 22 novembre 1941, elle-même complétée par un décret du 20 décembre 1941. L'exigence d'être né de père français fut imposée aux vétérinaires par une loi du 12 novembre 1940, bientôt remplacée par une loi du 31 décembre 1941.

2. Loi réglementant l'accès au Barreau, *J.O.* du 10 septembre 1940, p. 4958.

3. Jacques Charpentier, *op. cit.*, p. 127.

Ce dernier propos est éclairant. Comment, en effet, des enfants d'étrangers, le plus souvent nés en France, français par déclaration ou naturalisation, ayant grandi en France, fait les mêmes études et passé les mêmes examens que leurs confrères français « de souche », auraient-ils pu ne pas présenter ce « minimum d'assimilation » requis pour l'exercice de la profession d'avocat ? Déjà, une loi de 1934 avait exigé un délai de dix ans pour que des citoyens devenus français par naturalisation puissent exercer la profession d'avocat, même s'ils étaient titulaires des diplômes requis[1]. Avec la loi du 10 septembre 1940, c'étaient bien des Français nés en France qu'on excluait du Barreau. Sans doute prévoyait-on que le garde des Sceaux pourrait, à titre individuel, sur proposition du Conseil de l'Ordre, relever de cette interdiction tel ou tel avocat. Mais cette dérogation ne pouvait être obtenue qu'à titre exceptionnel et à l'initiative du Conseil de l'Ordre. En acceptant de pratiquer cette sélection, le Barreau se prêtait à une discrimination entre avocats contraire au principe d'égalité toujours proclamé par eux. Mais la xénophobie triomphait au Barreau comme dans toute la France. Ainsi que l'écrivait le journal *Le Temps* du 25 juillet 1940 à propos de la loi du 22 juillet 1940 sur la révision des naturalisations : « La purification de la nation française est en marche[2]. » La « purification » des barreaux aussi.

1. Cf. *supra*, p. 28.
2. *Le Temps*, 25 juillet 1940, in Paxton, *op. cit.*, p. 169.

Le premier statut des Juifs

Il est établi aujourd'hui que le premier statut des Juifs, promulgué par Vichy en octobre 1940, n'a pas été imposé par les Allemands. Comme l'écrit Du Moulin de Labarthète, directeur du cabinet du Maréchal Pétain en octobre 1940 : « L'Allemagne ne fut pas à l'origine de la législation antijuive de Vichy. Cette législation fut, si j'ose dire, spontanée, autochtone[1]. » Dès le mois de juillet 1940, le garde des Sceaux Alibert avait entrepris d'élaborer ce statut. Il n'avait reçu à cette fin aucune injonction des autorités d'occupation[2]. Certes, le 27 septembre 1940, l'administration militaire allemande en France publia une ordonnance arrêtant en zone occupée les premières mesures contre les Juifs. Les Allemands avaient appris que le gouvernement de Vichy allait lui-même promulguer une loi portant statut des Juifs, et n'entendaient pas se laisser devancer en ce domaine. Selon une note du 13 octobre 1940 émanant du Dr Best, chef de l'état-major administratif en France occupée, « l'ordonnance du chef de l'administration militaire en France a été publiée sur ordre du Führer, et c'est consciem-

1. H. Du Moulin de Labarthète, *Le Temps des illusions. Souvenirs, juillet 1940-avril 1942*, Genève, Les Éditions du Cheval ailé, 1947, p. 280. D'anciens dignitaires du régime de Vichy ont, dans leurs écrits *a posteriori*, soutenu que la législation antisémite avait été dictée par les Allemands. Cf. Joseph Barthélemy, garde des Sceaux de 1941 à 1943, à propos du statut des Juifs : « Cette législation n'est pas d'initiative française ; elle est tout entière d'origine allemande... », *op. cit.*, p. 311.

2. Cf. Xavier Vallat : « M. Alibert est resté à Vichy pendant tout le second semestre de 1940 et n'a eu aucun contact avec les autorités d'occupation », *Le Nez de Cléopâtre, souvenirs d'un homme de droite, 1941-1945*, *op. cit.*, p. 238.

ment qu'on a jugé nécessaire de la faire paraître avant la loi française afin que le règlement de la question juive émane des autorités allemandes[1]... » Lorsqu'Alibert fut jugé en 1947, le procureur général renonça à retenir comme chef d'accusation l'intelligence avec l'ennemi, car il avait été établi par l'instruction qu'Alibert, dans l'exercice de ses fonctions de garde des Sceaux de juillet 1940 à mars 1941, n'avait entretenu aucune relation avec les Allemands[2]. Au cours de son procès en 1947, interrogé par le président Noguères, Xavier Vallat, premier commissaire aux Questions juives, déclara : « Je vous répète que dans la législation de Vichy, il n'y a pas imitation de la législation d'un régime totalitaire quelconque. Il y a fidélité à une tradition antijuive d'État qui peut trouver des précédents aussi bien dans le passé historique de notre nation que dans celui de la Chrétienté[3]. » En ce qui

1. Cité in Joseph Billig, *Le Commissariat général aux Questions juives (1941-1944)*, Éditions du Centre de Documentation juive contemporaine, Paris, 1955, T. I, p. 81. Dans une note du 24 septembre 1940, le général de La Laurencie, délégué général du gouvernement de Vichy dans les territoires occupés, écrivait : « J'ai déjà eu l'honneur, par note du 3 septembre 1940, de vous entretenir des projets de réglementation antisémite de l'autorité allemande (...). En ce qui concerne la zone libre, l'administration allemande a interrogé mes services pour savoir si des mesures de législation antisémite étaient envisagées (...). Il ne s'agit pas, je tiens à le préciser, d'une demande des autorités allemandes tendant à introduire une telle législation. », AN F 60 490.

2. Cf. *Les Procès de la collaboration*, Paris, 1948, p. 119.

3. *Le Procès de Xavier Vallat présenté par ses amis*, préface de Marie-Madeleine Martin, Éditions du Conquistador, Paris, 1948, p. 77. Cf. Xavier Vallat, *op. cit.*, pp. 244-245. Dans la déclaration de Vallat se mêlent sans doute une volonté d'affirmer l'origine « française » de son antisémitisme, et le souci d'éviter l'accusation d'intelligence avec l'ennemi en matière de politique antijuive. Cf. Henry Rousso, « Une justice impossible. L'épuration et la poli-

concerne les Juifs, il s'agissait bien d'abolir l'œuvre de la Révolution, qui les avait émancipés, et de revenir aux principes d'exclusion et de discrimination de l'Ancien Régime. Le pasteur Marc Boegner relevait à l'époque à Vichy « l'antisémitisme passionnel de plusieurs ministres », qui « se donnait libre cours en dehors de toute pression allemande[1] ». Jean-Louis Tixier-Vignancour, avocat et député d'extrême droite auquel avait été confiée à Vichy la direction de la radio, se complaisait « à manger du Juif et à guetter, pour l'injurier encore, Léon Blum[2] ». D'anciennes personnalités de la IIIe République, ralliées au nouveau régime, tel Pierre-Étienne Flandin, ancien président du Conseil et futur ministre de Vichy, voyaient dans l'antisémitisme un moyen politique d'améliorer les rapports avec les Allemands. Ainsi, le 16 juillet 1940, au cours d'un entretien avec un représentant de l'ambassade d'Allemagne, Flandin considérait que « ce ne serait que lorsque la France se serait complètement débarrassée de la juiverie et de la franc-maçonnerie que l'on pourrait attendre de l'Allemagne une collaboration avec elle[3] ».

Dans ce climat d'antisémitisme exacerbé, la première mesure prise contre les Juifs par le nouveau régime fut la loi du 27 août 1940 abrogeant les dispositions de la loi Marchandeau du 21 avril 1939 répri-

---

tique antijuive de Vichy », « Vichy, l'Occupation et les Juifs », *Annales ESC*, 3 juin 1993.

1. Marc Boegner, Rapport sur *Les Églises protestantes pendant la guerre et l'Occupation. Actes de l'Assemblée générale du protestantisme français*, Paris, 1946, p. 18.

2. Cf. Maurice Martin du Gard, *Chronique de Vichy*, Paris, Flammarion, 1948, p. 55.

3. Cf. Philippe Burrin, *La Dérive fasciste, op. cit.*, p. 352.

mant la propagande antisémite dans la presse. Le déferlement de celle-ci fut immédiat. Dans ses carnets, Raymond-Raoul Lambert, Israélite français de vieille souche qui devait jouer un rôle important dans les organisations juives créées par Vichy, relevait avec amertume en novembre 1940 : « La radio officielle de mon pays continue à prêcher la haine contre les Juifs... Toutes les formules qui, depuis 1933, avaient cours en Allemagne, sont maintenant adoptées en France[1]. »

Au sein du gouvernement de Vichy, le garde des Sceaux Alibert était un antisémite farouche. Ancien conseiller d'État, professeur de droit constitutionnel à l'École des Sciences politiques, maurrassien convaincu, Alibert avait séduit le maréchal Pétain. Celui-ci en avait fait son directeur de cabinet lorsqu'il avait été appelé au gouvernement le 21 mai 1940[2]. Du

1. Raymond-Raoul Lambert, *Carnets d'un témoin, 1940-1943*, présentés et annotés par Richard Cohen, Paris, Fayard, 1985, p. 85. Raymond-Raoul Lambert, industriel lorrain, né en 1894, officier pendant la guerre de 1914, blessé à Verdun, décoré de la Légion d'honneur à titre militaire, mobilisé et combattant à nouveau en 1939-1940, très engagé dans les œuvres juives, apparaît comme une illustration du notable israélite français d'avant la guerre. Replié en zone libre en 1940 avec sa famille, Lambert, très bien introduit à Vichy, accepta d'être délégué général de l'Union générale des Israélites de France pour la zone sud. Arrêté en août 1943, interné à Drancy, il fut déporté avec sa femme et ses quatre enfants en décembre 1943. Ses carnets constituent un témoignage précieux sur le patriotisme fervent, les souffrances morales et l'aveuglement politique de certains dirigeants de la communauté juive française pendant l'Occupation.

2. Le bâtonnier Charpentier, qui avait bien connu Alibert lorsqu'il était en fonctions en 1940-41, le décrit ainsi : « Monsieur Alibert était une sorte de taureau farouche et puissant d'encolure. Mais c'était un taureau juriste. Et, de plus, un taureau dressé par le Conseil d'État et l'Action française (...). Ses vastes connaissances, le crédit dont il disposait dans l'esprit d'un vieillard vaniteux et

16 juin au 12 juillet 1940, Alibert exerça les fonctions de sous-secrétaire d'État à la Présidence du Conseil auprès de Pétain. Charles Pomaret, ministre de l'Intérieur dans ce premier gouvernement Pétain, raconte :

« Le dimanche 1er juillet 1940, dans l'après-midi, à Clermont-Ferrand, dans son cabinet de la Préfecture, Alibert me reçoit en attendant que j'entre chez le Maréchal (...). Alibert, brusquement, me parle des Juifs (...) : "Je leur prépare un texte aux petits oignons." Le Maréchal entre. Je n'en apprends pas davantage...[1] »

Ainsi, dès les premiers jours du nouveau régime, Alibert avait entrepris la rédaction du projet d'un statut des Juifs. Il fallait d'abord interdire aux Juifs étrangers l'accès à la nationalité française, et réviser les naturalisations accordées depuis 1927. Quant aux Juifs français, il convenait de les réduire, comme sous l'Ancien Régime, à la condition de sujets de second ordre. En particulier, il fallait leur fermer tout accès aux fonctions publiques et aux activités dans lesquelles ils pourraient influencer l'opinion publique, tel la presse, la radio, le cinéma. Dans les professions libérales, leur présence ne serait tolérée qu'à très faible dose. Pourraient échapper à ces mesures d'exclusion les anciens combattants ou les personnalités juives ayant rendu à la France des services « exceptionnels ». Seul le « baptême du sang » ou des mérites éclatants pourraient laver les Juifs de leur indignité

---

ignorant de tout, lui avaient mis en main le balai de l'apprenti sorcier », *op. cit.*, p. 124.

1. Charles Pomaret, « Bordeaux 40 ou Bazaine II », cité par Serge Klarsfeld, in *Le statut des Juifs de Vichy, op. cit.*, p. 30. Font-Réaulx, conseiller d'État, fut directeur du cabinet d'Alibert.

originelle et en faire des citoyens français à part entière. Commentant en 1942, dans son *Cours de Droit constitutionnel,* les institutions du régime de Vichy, le professeur Georges Burdeau exprimait clairement cette idéologie :

« Il (le statut des Juifs) est inspiré par cette constatation de fait qu'étant donné ses caractères ethniques, ses réactions, le Juif est inassimilable. Le régime considère donc qu'il doit être tenu à l'écart de la communauté française[1]. »

Pour y parvenir, le législateur de Vichy multiplia les textes. Durant les quatorze premiers mois du régime, hors toute pression allemande à ce sujet, 168 lois et actes réglementaires contenant des mesures visant les Juifs furent promulgués[2]. De sa propre initiative, le régime de Vichy mettait ainsi en place un statut juridique complexe, minutieux, d'exclusion des Juifs de la communauté française. Dans la pensée de ses auteurs, il ne s'agissait pas d'un texte de circonstances inspiré par le désir de satisfaire aux exigences des vainqueurs nazis. Ce statut devait être de façon permanente celui des Juifs, une fois la paix revenue, au sein de l'État français. Comme l'écrivait en avril 1941 Joseph Barthélemy, successeur d'Alibert au ministère de la Justice :

« Le gouvernement français ne prétend pas assimiler les Juifs de force, comme l'a fait l'Espagne où les Juifs se sont d'abord fondus sous l'aspect de Mar-

---

1. G. Burdeau, *Cours de Droit constitutionnel,* Paris, L.G.A.J., 1942, p. 191.

2. Cf. Dominique Gros, « Le Droit antisémite de Vichy contre la tradition républicaine », *L'Encadrement juridique de l'antisémitisme sous le régime de Vichy, op. cit.*, p. 3.

ranes, et ensuite, avec les mariages interraciaux, sous la forme de "bons-Espagnols" [*sic*]. Le gouvernement français ne les expulse pas, il ne les prive pas de moyens d'existence. Il leur interdit seulement les fonctions de directeurs de l'âme française ou des intérêts français[1]... »

Il n'existe aucune déclaration officielle du maréchal Pétain au sujet des Juifs. Mais le 1er octobre 1940, lorsque se tient un long Conseil des ministres au cours duquel est analysé pendant plus de deux heures le projet de statut, « c'est le Maréchal qui se montre le plus sévère, note Paul Baudouin, ministre des Affaires étrangères. Il insiste en particulier pour que la Justice et l'Enseignement ne contiennent aucun Juif[2] ».

Une note officielle fut publiée dans la presse, la veille de la promulgation du Statut, pour l'annoncer :

« Partout, et spécialement dans les services publics, si réelles que soient d'honorables exceptions dont chacun pourrait fournir un exemple, l'influence des Juifs s'est fait sentir, insinuante et finalement décomposante (...). Le gouvernement entier, dans une absolue sincérité, s'est défendu de faire œuvre de représailles. Il respecte les personnes et les biens des Juifs. Il les empêche seulement d'assurer certaines fonctions

1. Joseph Barthélemy, *op. cit.*, p. 319. Il ajoute : « J'ai besoin de toute ma raison pour penser qu'il fallait vraiment prendre ces mesures, même à contrecœur, pour soigner chirurgicalement cette âme française souffrant d'une maladie qui nous a conduits là où nous sommes. »

2. Paul Baudouin, *Neuf mois au gouvernement*, Paris, La Table Ronde, 1948, p. 366. Cf. Joseph Barthélemy : « Une fois seulement, le Maréchal m'a dit : "Je voulais faire quelque chose au sujet des Juifs. Mais Alibert et Peyrouton, avec leurs mauvais conseils, m'ont entraîné beaucoup plus loin que je ne voulais aller" », *op. cit.*, p. 126.

sociales, d'autorité, de gestion, de formation des intelligences, l'expérience lui ayant prouvé, comme à tous les esprits impartiaux, que les Juifs les exerçaient dans une tendance individualiste, jusqu'à l'anarchie. Notre désastre nous impose l'obligation de regrouper les forces françaises dont une longue hérédité a fixé les caractéristiques. Il ne s'agit pas de facile vengeance, mais d'indispensable sécurité[1]... »

Les lois contre les Juifs, promulguées en octobre 1940, comportaient trois volets. Le premier, le statut des Juifs, daté du 3 octobre 1940, déterminait les interdictions et restrictions frappant les Juifs. Le second, la loi du 4 octobre 1940, énumérait des mesures de police très rigoureuses visant les étrangers de « race juive » : ceux-ci pourraient être « internés dans des camps spéciaux par décision du préfet du département de leur résidence », ou assignés « à résidence forcée » par le préfet. Les centres spéciaux de rassemblement installés dès janvier 1939 pour les étrangers « indésirables », réfugiés d'Europe centrale ou républicains espagnols, allaient servir de camps d'internement pour les Juifs étrangers, dans des conditions indignes[2]. Enfin, une troisième loi, en date

---

1. Cité par S. Klarsfeld, *Le Calendrier de la persécution des Juifs de France, 1940-1944*, 1993, pp. 29-30. *Cf.* Marc-Olivier Baruch, *Le Régime de Vichy*, La Découverte, Paris, 1996, pp. 24-25.

2. Cf. Anne Grynsberg, *Les Camps de la honte*, La Découverte, 1991. Le 28 février 1941, selon le compte rendu d'une réunion de travail à l'ambassade d'Allemagne à Paris, en présence de l'ambassadeur Abetz, le lieutenant S.S. Dannecker, en charge du service antijuif de la Gestapo, « fit l'intéressante déclaration qu'à la suite des lois antijuives du 4 octobre 1940, près de 40 000 Juifs de la zone libre se trouvaient déjà dans les camps de concentration et que d'autres venaient s'y joindre constamment ». Note citée et reproduite en photographie, in Joseph Billig, *op. cit.*, p. 44.

du 7 octobre 1940, abrogeait le décret Crémieux de 1870 et retirait leur nationalité aux citoyens français juifs en Algérie, faisant d'eux « des Juifs indigènes des départements de l'Algérie[1] ».

Dans son article premier, la loi du 3 octobre donnait la définition légale du Juif : « Est regardé comme Juif, pour l'application de la présente loi, toute personne issue de trois grands-parents de race juive, ou de deux grands-parents de la même race si son conjoint lui-même est Juif[2]. » Fait remarquable : le texte de Vichy allait au-delà de la définition du Juif donnée par les Allemands en zone occupée, qui ne considérait comme Juif que celui qui avait plus de deux grands-parents juifs, sans prendre en compte la « race » de son conjoint[3].

Ainsi, moins de trois mois après la chute de la République, une loi française s'ouvrant par la majestueuse formule empruntée par Alibert à l'Ancien Régime : « Nous, Maréchal de France, Chef de l'État français », faisait des Juifs une « race » et leur assignait dans la nation un statut d'exclusion et d'interdiction plus

1. Cf. Michel Abitbol, *Les Juifs d'Afrique du Nord sous Vichy*, Paris, Maisonneuve et Larose, 1983.

2. Souligné par nous. La législation antisémite de Vichy a été rassemblée et publiée par le Centre de Documentation juive contemporaine et l'Association « Les fils et filles de déportés juifs de France », sous le titre *Les Juifs sous l'Occupation, recueil des textes officiels*, Paris, 1982.

3. Selon la loi allemande de 1935, « sont reconnus comme Juifs ceux qui appartiennent, ou appartenaient, à la *religion* juive, ou qui ont plus de deux grands-parents (grands-pères ou grand-mères) juifs. Sont considérés comme Juifs les grands-parents qui appartiennent ou appartenaient à la religion juive », in *Le Statut des Juifs de Vichy, op. cit.*, p. 163. Cf. Laurence Rosengart, « L'originalité du statut du Juif en France dans l'Europe hitlérienne », *Communauté nouvelle*, n° 47, 1989.

rigoureux qu'aucun de ceux en vigueur en Europe dans les pays alliés ou amis du IIIe Reich nazi. L'antisémitisme en France triomphait à la faveur de la défaite. Pour les Israélites français, c'était la fin d'un monde qui avait été le leur depuis un siècle et demi[1]. Lambert écrit dans ses carnets à la date du 19 octobre 1940 :

« Le racisme est devenu la loi du nouvel État. Quelle honte !... Toutes mes illusions s'écroulent ! (...) J'ai pleuré hier soir comme l'homme qui, subitement, serait abandonné par la femme qui a été le seul amour de sa vie, le seul guide de sa pensée, le seul chef de ses actions. »

Mais, trois semaines plus tard, le 6 novembre 1940, Lambert est déjà résigné à l'inacceptable :

« Un ami m'écrit : on ne juge pas sa mère, même quand elle est injuste. On souffre et on attend. Ainsi devons-nous, Juifs de France, courber la tête et souffrir. Je suis d'accord[2]. »

Pierre Masse, lui, apostrophe ainsi, le 20 octobre 1940, le maréchal Pétain qu'il a bien connu au cours de la Première Guerre mondiale :

> « Monsieur le Maréchal,
>
> « J'ai lu le décret qui déclare que les Israélites ne peuvent plus être officiers, même ceux d'ascendance strictement française.
>
> « Je vous serais obligé de me faire dire si je dois aller retirer leurs galons à mon frère, sous-lieutenant au 36e régiment d'Infanterie, tué à Douaumont en avril 1916 ; à mon gendre, sous-lieutenant au 14e régiment de Dra-

1. Cf. Pierre Birnbaum, *Les Fous de la République*, *op. cit.*, pp. 450-456.
2. Raymond-Raoul Lambert, *op. cit.*, p. 85.

gons portés, tué en Belgique en mai 1940 ; à mon neveu Jean-Pierre Masse, lieutenant au 23e Colonial, tué à Rethel en mai 1940.

« Puis-je laisser à mon frère la Médaille militaire gagnée à Neuville-Saint-Vaast, avec laquelle je l'ai enseveli ?

« Mon fils Jacques, sous-lieutenant au 62e bataillon de Chasseurs alpins, blessé à Soupir en juin 1940, peut-il conserver son galon ?

« Suis-je enfin assuré qu'on ne retirera pas rétroactivement la Médaille de Sainte-Hélène à mon arrière-grand-père ?

« Je tiens à me conformer aux lois de mon pays, même quand elles sont dictées par l'envahisseur.

« Veuillez agréer, Monsieur le Maréchal, les assurances de mon profond respect.

Pierre MASSE[1] »

Le 23 octobre 1940, le Grand Rabbin de Paris, Julien Weill, envoie à Pétain une lettre dans laquelle, face « à des mesures qui blessent profondément l'esprit de justice », il déclare : « Quelles que soient les rigueurs de la loi nouvelle, nous vous prions de croire, Monsieur le Maréchal, que les citoyens français de religion juive restent fidèlement attachés à leur patrie (...). La France doit se relever et nous sommes unanimes à donner notre entier concours à son gouvernement, malgré l'état d'infériorité où nous sommes placés[2]. »

Derrière la douleur exprimée par tant de Juifs français perce l'explication qui l'atténue : ces lois fran-

1. Cf. *Le Statut des Juifs de Vichy*, *op. cit.*, p. 425.

2. A.N., F. 60 490. Dans sa brève réponse, le maréchal Pétain se borna à rappeler que « l'obéissance à la loi est un des principes essentiels de tout État », 13 novembre 1940 *(ibid.)*.

çaises sont imposées par l'envahisseur[1]. Ainsi Pierre Masse ne peut-il croire que le maréchal Pétain, aux côtés duquel il a siégé au Comité de Guerre en 1917, et un gouvernement français aient pu de leur propre chef, hors de tout diktat, hors même de toute demande des nazis, édicter un Statut des Juifs qui fait de lui et des siens des parias dans la patrie qu'ils ont si bien servie et tant aimée.

Cependant de Libreville, le 11 novembre 1940, le général de Gaulle adresse pour sa part au Congrès juif mondial, à New York, un long message dans lequel il dénonce avec éclat « les cruels décrets dirigés contre les Juifs français, qui n'auront et ne pourront avoir aucune validité dans la France libre ». Et il ajoute : « Ces mesures sont non moins un coup porté à l'honneur de la France qu'une injustice à l'égard de ses citoyens juifs[2]. »

Ainsi s'opposaient à nouveau, à propos des Juifs, deux conceptions de la nation française.

Les interdictions

Le statut du 3 octobre 1940 interdisait absolument aux Juifs l'accès au gouvernement, à toutes les assemblées élues, aux grands corps de l'État, à toute fonction judiciaire, à l'enseignement, aux postes les plus importants de la fonction publique, au corps des officiers de terre, de mer et de l'air, aux fonctions de direction des entreprises publiques (art. 2 de la loi).

1. Cf. Pierre Birnbaum, *op. cit.*, pp. 458-459.
2. Cité in Adam Rayski, *Le Choix des Juifs sous Vichy entre soumission et résistance*, La Découverte, Paris, 1992, pp. 48-49.

Les fonctions publiques de moindre importance étaient également fermées aux Juifs, exception faite pour les anciens combattants titulaires de la carte de combattant 1914-1918 ou cités au cours de la campagne 1914-1918, cités à l'ordre du jour au cours de la campagne 1939-1940, ou décorés de la Légion d'honneur à titre militaire ou de la Médaille militaire. C'était l'expression de la considération particulière que le maréchal Pétain et le régime de Vichy marquaient aux anciens combattants, même juifs. Toutefois, même aux anciens combattants juifs les plus glorieux, les fonctions les plus importantes de l'État demeuraient interdites. Il en allait de même dans la presse, la radio, le cinéma, le théâtre, les spectacles. Le public français devait être mis à l'abri de toute influence juive. Cependant, par une sorte de droit de grâce, le chef de l'État, par décret individuel pris en Conseil d'État, pouvait relever de toute interdiction « les Juifs qui, dans les domaines littéraire, scientifique, artistique, ont rendu des services exceptionnels à l'État français[1] » (art. 8).

S'agissant des professions libérales, la loi du 3 octobre 1940, en son article 4, en autorisait l'accès et

1. Très rares furent les bénéficiaires de cette disposition du Statut d'octobre 1940. Une note du 30 janvier 1943 établie à Vichy fait état de deux officiers supérieurs, le général Bloch et le commandant Brisac, qui furent autorisés à conserver leur grade ; dix professeurs d'université, notamment Robert Debré, Louis Halphen et Marc Bloch, ainsi que deux professeurs de l'enseignement secondaire et primaire, deux hauts fonctionnaires (dont Jacques Rueff) et trois ingénieurs des mines, soit dix-neuf personnes. S'y ajoutèrent dix-huit autres personnalités après la publication du second statut par la loi du 2 juin 1941. Cf. J. Billig, *Le Commissariat général...*, *op. cit.*, T. I, p. 210. Et Marrus et Paxton, *op. cit.*, pp. 77-78 et note 2, p. 348.

l'exercice aux Juifs, mais précisait : « à moins que des règlements d'administration publique n'aient fixé pour eux une proportion déterminée. Dans ce cas, les mêmes règlements détermineront les conditions dans lesquelles aura lieu l'élimination des Juifs en surnombre[1] ». C'était l'annonce du *numerus clausus*. Dans ces dispositions s'inscrivait en filigrane l'avenir des avocats juifs.

L'accueil fait au statut

La publication du statut des Juifs à l'automne 1940 ne suscita guère de réactions dans l'opinion publique. Seuls quelques journaux à Paris, sous contrôle allemand, se félicitèrent de ces premières mesures antisémites. La France était encore sous le coup du désastre militaire, plus d'un million et demi d'hommes étaient retenus prisonniers en Allemagne, les inquiétudes et les difficultés quotidiennes accaparaient l'attention. Sur quarante-deux préfets de la zone libre, quatorze seulement firent état, dans leurs rapports au gouvernement, de réactions du public à la promulgation du premier statut des Juifs, lesquelles se révélaient en majorité favorables[2]. Qu'il n'y ait plus de ministres, de parlementaires ou de magistrats juifs, de professeurs ou d'officiers juifs, de directeurs de journaux ou de metteurs en scène juifs, qui s'en souciait,

1. Loi du 3 octobre 1940 précitée, art. 4.
2. Marrus et Paxton, *op. cit.*, p. 171.

hormis eux-mêmes et leurs proches[1] ? Quant à la limitation prévisible du nombre des médecins, avocats ou architectes juifs, elle ne pouvait que susciter la satisfaction de beaucoup de professionnels qui voyaient se réduire d'autant la concurrence.

Bien placé, par ses fonctions, pour connaître les rapports des préfets au Maréchal sur l'état de l'opinion publique, Du Moulin de Labarthète écrit à ce sujet :

« La faiblesse des réactions suscitées par cette première législation d'exception me semble surtout tirer son origine d'une confusion, peut-être entretenue, entre les Israélites français de naissance et les Israélites étrangers ou fraîchement naturalisés. Le problème juif ne se serait pas posé en France au lendemain de l'armistice si les vannes de l'immigration avaient été moins largement ouvertes depuis 1933[2]. »

Même le pasteur Boegner, dans la lettre qu'il envoya le 26 mars 1941 au Grand Rabbin de France pour lui exprimer la sympathie de l'Église réformée de France envers les Israélites français persécutés, et sa ferme réprobation de la législation antisémite, évoquait « le grave problème [posé] à l'État par l'immigration mas-

---

1. Cf. Pierre Laroque, alors maître des requêtes au Conseil d'État, détaché au cabinet du secrétaire d'État au Travail et à la Production industrielle : « Tout cela me porta un coup très dur. J'eus le sentiment de voir la terre se dérober sous mes pieds », in *Au service de l'homme et du droit, souvenirs et réflexions*, Association pour l'histoire de la Sécurité sociale, 1993, pp. 126-127. Cf., dans l'enseignement, Claude Singer, *Vichy, l'Université et les Juifs*, Les Belles-Lettres, 1992, pp. 158-170, sur l'indifférence commune des universitaires au départ forcé de leurs collègues juifs.

2. *Op. cit.*, p. 280.

sive d'un grand nombre d'étrangers, juifs ou non, et par des naturalisations hâtives et injustifiées[1] ».

Cet amalgame : immigrés = réfugiés = Juifs, déjà enraciné avant-guerre dans l'opinion, faisait le désespoir de certains Israélites français. La réaction du président du Consistoire israélite Jacques Helbronner, illustre bien cette attitude. Issu d'une vieille famille juive d'Alsace, Helbronner était le modèle de l'Israélite français, farouchement patriote et grand serviteur de l'État. Président de section au Conseil d'État, il avait été, pendant la guerre de 1914-18, directeur du cabinet du ministre de la Guerre. En cette qualité, il avait soutenu la nomination de Pétain au poste de commandant en chef de l'armée française en 1917. Il avait conservé avec lui des liens d'amitié. À l'automne 1940, après la promulgation du Statut des Juifs, Helbronner lui adressa une « Note sur la question juive en France[2] ». Dans cette note, il critiqua vivement le statut :

« Cette loi, basée sur un principe faux et sur une confusion, a abouti à frapper des citoyens français excellents patriotes, dont les familles avaient, depuis de longues générations, prouvé leur attachement à la France, leur patrie. »

1. In Léo Hamon et Renée Poznanski, « Avant les premières grandes rafles. Les Juifs à Paris sous l'Occupation » (juin 1940-avril 1941), *Cahiers de l'Institut d'Histoire du Temps Présent*, n° 22, décembre 1992, p. 37.

2. A.N., 2AG616. Cf. Actes du colloque « *Il y a cinquante ans : le statut des Juifs de Vichy* », C.D.J.C., Paris, 1991, pp. 33-34, et Adam Rayski, *Le Choix des Juifs sous Vichy entre soumission et résistance*, *op. cit.*, pp. 34-36. Cf. Denis Péchanski, « Les statuts du 30 octobre 1940 et du 2 juin 1941 », pp. 23-35 des Actes du colloque « *Il y a cinquante ans...* », *op. cit.*

Après avoir rappelé la condition des Juifs en France sous l'Ancien Régime, leur émancipation par la Révolution, l'organisation de leur culte par Napoléon, les orages de l'affaire Dreyfus, Jacques Helbronner en vient à l'essentiel :

« Dès la fin du XIXe siècle (...), un danger apparaissait aux yeux des Français israélites qui ne voyaient pas sans inquiétude les gouvernements qui se succédaient ouvrir, aux étrangers persécutés dans leur pays, les frontières de la France et leur donner des facilités de plus en plus grandes pour accéder à la nationalité française. Or, dans ces réfugiés chassés de leur pays par un nationalisme ombrageux, les Juifs constituaient la majeure partie de ceux qui se réfugiaient en France... »

Et d'ajouter ces propos qui font écho à ceux des antisémites traditionnels :

« L'invasion [*sic*] a pris des proportions de plus en plus inquiétantes au fur et à mesure du développement et des conquêtes du nazisme en Europe. Malgré les avertissements du judaïsme français, les gouvernements de la France n'ont rien fait (au contraire) pour parer au danger. La réaction contre l'invasion des étrangers s'est traduite par un normal antisémitisme dont les victimes sont aujourd'hui les vieilles familles françaises de religion israélite[1]. »

Le président du Consistoire indique alors à Pétain le remède : puisque ce sont des immigrés étrangers naturalisés de fraîche date qui posent problème dans la mesure où ils sont insuffisamment assimilés, il convient de réserver toutes les fonctions publiques et

1. *Ibid.* Souligné par nous.

les professions libérales aux Français de souche, de revoir toutes les naturalisations et d'en réviser certaines. Après avoir relevé qu'« au début, le gouvernement du Maréchal s'était engagé dans cette voie », Helbronner propose d'aller plus loin :

« Si l'on voulait réserver les postes importants de l'État ou l'exercice de professions ayant une influence sur l'opinion publique, il était facile d'exiger des conditions particulières d'ancienneté nationale des titulaires de ces emplois, sans recourir à la fausse idéologie allemande de la race[1]. »

Suit un projet de statut dont l'article premier est ainsi conçu :

« L'accès et l'exercice des fonctions publiques et mandats énumérés ci-après ne sont permis qu'aux citoyens français ayant au moins trois grands-parents de nationalité française[2]... »

Ce que suggérait par là le président du Consistoire israélite au maréchal Pétain, c'était de substituer une législation purement xénophobe à la législation antisémite ! Pour épargner les Israélites français de souche, Helbronner proposait de sacrifier les immigrés ou enfants d'immigrés parmi lesquels, selon ses propres dires, figuraient de nombreux Juifs. Ainsi se révèle, jusque dans ces lignes du président du Consistoire, l'intensité de la xénophobie qui régnait dans la France d'avant-guerre, y compris chez les Israélites français, et combien, aux yeux de ceux-ci, l'identification du Juif à l'immigré paraissait lourde de dangers. L'on comprend que le doyen Joseph Barthé-

1. *Ibid.*
2. *Ibid.* Souligné par nous.

lemy, qui appartenait, par sa formation juridique et sa carrière universitaire, au même milieu de notables que le président de Section au Conseil d'État Helbronner, ait écrit en 1944 à propos des Juifs : « La mesure était dépassée. Certains de mes amis juifs eux-mêmes en étaient inquiets[1]. » Le président Helbronner était-il de ces amis-là ?...

Et au Palais de Justice, combien de magistrats et d'avocats, y compris parmi les Israélites, partageaient les mêmes sentiments ? Léo Hamon, avocat à la cour de Paris depuis 1930, lui-même fils d'immigrés, venu clandestinement, au printemps de 1941, à la demande d'organisations juives de la zone libre, enquêter en zone occupée sur les conditions de vie des Juifs, leur état d'esprit et celui de la population à leur égard, écrit dans son rapport :

« Que conclure de tout ceci quant aux perspectives d'avenir ? (...) Il faudra probablement tout de même donner à la population l'impression que quelque chose a été fait pour éviter un retour à ce que l'on est arrivé à faire considérer comme abusif dans le passé, la révision de quelques naturalisations, une réglementation plus stricte pour l'avenir des droits des naturalisés, une certaine tendance au désencombrement par les Juifs de certaines professions étant viscéralement tenues pour désirables par les Juifs eux-mêmes[2]. »

Parmi ces professions figurait évidemment celle d'avocat.

---

1. Joseph Barthélemy, *op. cit.*, p. 311.
2. Léo Hamon, Renée Poznanski, « Avant les premières grandes rafles », *op. cit.*, p. 97.

CHAPITRE III

D'un statut l'autre

Du côté des avocats

À Paris, dès l'été 1940, aux premiers jours de l'Occupation, le comportement de quelques avocats qui n'avaient pas quitté la capitale avait inquiété le bâtonnier Charpentier : « Avant que la collaboration ne devienne une politique, [ceux-là] avaient commencé à la pratiquer (...). Pendant ces trois mois d'été 1940, le Barreau fut réellement en danger[1]. » À Vichy, le garde des Sceaux Alibert déclarait au bâtonnier que le Barreau avait besoin d'une réforme fondamentale. Son directeur de cabinet, le conseiller d'État Font-Réaulx, « ajoutait avec un rictus méphistophélique qu'on allait "secouer le cocotier"[2] ».

À l'automne 1940, la plupart des avocats parisiens avaient regagné la capitale. Seuls manquaient les prisonniers de guerre retenus en captivité en Allemagne, la poignée d'avocats qui avaient décidé de poursuivre le combat et certains avocats juifs qui ne souhaitaient pas quitter la zone non occupée. L'activité judiciaire

1. J. Charpentier, *op. cit.*, pp. 97-98.
2. *Ibid.*, p. 125.

avait repris son cours. Le 1er octobre 1940, à l'occasion de la rentrée judiciaire, le bâtonnier Charpentier prononça, dans la bibliothèque de l'Ordre, un discours célébrant le sacrifice des avocats tombés au combat et appelant ses confrères à pratiquer « les vertus qui s'imposent aux peuples vaincus ». Invoquant la mémoire des morts, il s'écria : « Apprenez-nous à être unis dans le malheur et à ne pas donner à nos ennemis le spectacle de nos querelles ! Enseignez-nous la dignité[1] ! » Ces propos furent acclamés. En ces temps d'abaissement, ils résonnaient comme un défi. Pour témoigner de la volonté du Barreau de conserver son indépendance, le bâtonnier fit aussitôt voter au Conseil de l'Ordre une résolution très ferme :

> « D'après des renseignements qui lui sont parvenus, le gouvernement préparerait un texte destiné à établir un contrôle de la Cour sur les admissions au stage ou au Tableau, prononcées par le Conseil.
>
> « Le Conseil, à l'unanimité, considérant que la mesure envisagée porterait atteinte à une prérogative essentielle de l'Ordre que tous les régimes ont jusqu'à présent respectée, charge Monsieur le Bâtonnier de faire part à Monsieur le garde des Sceaux de l'émotion qui s'est emparée du Barreau à cette nouvelle et de lui exposer les raisons qui doivent s'opposer à l'adoption de cette mesure[2]. »

Les avocats témoignaient ainsi de leur détermination à s'opposer à toute mesure émanant du gouvernement de Vichy et susceptible de réduire l'indépendance des barreaux. En revanche, s'agissant de la

1. *Ibid.*, p. 106.
2. Procès-verbal du Conseil de l'Ordre du 8 octobre 1940. Archives du Conseil de l'Ordre des avocats du barreau de Paris.

nouvelle législation visant les avocats juifs ou d'origine étrangère, l'état d'esprit était tout différent. « Le terrain était préparé, écrit le bâtonnier Charpentier. Il y avait parmi nous beaucoup d'antisémites[1]... » Ce fut donc sans états d'âme, mais plutôt avec satisfaction que le Barreau accueillit les premières mesures xénophobes et antisémites du nouveau régime. Les Conseils de l'Ordre ont traditionnellement la maîtrise du « Tableau » de l'Ordre des avocats, c'est-à-dire le droit d'admettre ou de radier les avocats de leur barreau, sous le contrôle de la cour d'appel. Ce fut donc aux Conseils de l'Ordre qu'il incomba de mettre en œuvre la loi du 10 septembre 1940 interdisant l'exercice de la profession d'avocat à « quiconque ne possédait pas la nationalité française à titre originaire, comme étant né d'un père français ».

À Paris, le Conseil de l'Ordre se mit à l'ouvrage dès le début de l'automne 1940. Même la nature rétroactive de la mesure – elle excluait du Barreau des avocats déjà inscrits – ne souleva en son sein aucune réserve ni objection. Le Conseil considéra que tous ceux qui n'apporteraient pas la preuve de leur origine française devraient être écartés du Barreau. Il adressa à tous les avocats inscrits une lettre leur demandant de justifier de leur nationalité française à titre originaire, faute de quoi leur exclusion serait prononcée. Nombre d'avocats avaient quitté Paris, d'autres étaient prisonniers de guerre sans que l'Ordre en eût été informé. Deux cent trente-neuf avocats qui avaient pour seul tort de n'avoir pas répondu ou de n'être pas nés d'un père français furent ainsi exclus du barreau

1. Jacques Charpentier, *op. cit.*, p. 97.

de Paris. Plus de trente d'entre eux furent réintégrés ultérieurement par une nouvelle décision du Conseil de l'Ordre, parce qu'ils avaient pu justifier de la nationalité française de leur père à leur naissance. Dix autres bénéficièrent de la dérogation prévue par la loi en faveur des anciens combattants de l'armée française ou de leurs descendants[1]. Vingt-cinq furent maintenus au Tableau par décision individuelle du garde des Sceaux, à la demande du Conseil de l'Ordre, en considération de leurs mérites professionnels[2]. Au total, au mois de mars 1941, selon une dépêche de l'A.F.I.P., deux cent trois avocats d'origine étrangère avaient été exclus du barreau de Paris[3]. Combien d'avocats juifs figuraient parmi eux ? Il est impossible de le savoir avec certitude, la confession ne figurant pas au dossier des avocats lors de leur admission dans l'Ordre. À s'en tenir au double indice d'un nom à consonance juive et d'un premier ou second prénom tiré de l'Ancien Testament, soixante d'entre eux au moins pouvaient être considérés comme Juifs.

Un certain nombre firent appel de la décision les excluant du Barreau, le plus souvent en invoquant leur qualité d'anciens combattants, voire celle de leur père. Pour la très grande majorité d'entre eux, ces recours furent jugés par la cour d'appel de Paris de février à juillet 1941. Sur 51 appels, 47 furent rejetés

---

1. Archives de l'Ordre des avocats de Paris.
2. Parmi eux, Jacques Isorni, futur défenseur du maréchal Pétain lors de son procès en 1945. Cf. ses *Mémoires*, t. I, *op. cit.*, pp. 210-213. Parmi les avocats exclus pour cause d'origine étrangère figurait l'écrivain Nathalie Sarraute, avocate au barreau de Paris depuis 1926.
3. Dépêche n° 5213, A.N. 72AJ 1387.

par la cour[1]. Mais, en bénéficiant de l'effet suspensif de l'appel pendant l'année judiciaire 1940-41, certains de ces avocats purent continuer à exercer leur profession au Palais de Justice dans Paris occupé.

La presse de la collaboration s'indignait de cette situation. *Le Cri du Peuple* écrivait en juin 1941 : « Il est invraisemblable de penser que (...) des Français confiants ou ignorants puissent s'adresser pour défendre leurs intérêts, la plupart du temps vitaux, à des étrangers juifs naturalisés de fraîche date et qui ne savent même pas parler français[2]. » *Je suis partout* dénonçait « ces avocats juifs étrangers qui, en envahissant en foule le Barreau, y avaient introduit leur âpreté au gain, leur goût de la réclame, leur cynisme et leur immoralité[3] ». Il ajoutait mensongèrement : « Le Barreau français a voté une motion demandant l'exclusion complète de l'élément juif[4]. »

Deux avocats célèbres, l'un par son talent exceptionnel, Henry Torrès, l'autre par sa carrière politique, Pierre Cot, connurent un sort particulier. Tous deux avaient été déchus de la nationalité française par décret, parce qu'ils avaient quitté la France pour les États-Unis durant l'été 1940 et refusé de reconnaître le gouvernement de Vichy. N'étant plus Français, ils ne pouvaient plus exercer la profession d'avocat. Ils

1. Archives de la cour d'appel de Paris.
2. *Le Cri du Peuple*, 5 juin 1941, « Comment les avocats juifs ont trouvé le moyen de continuer à plaider ».
3. *Je suis partout*, 11 avril 1941.
4. *Ibid.* M. Marc Knobel, auquel je suis redevable de ces références, n'a trouvé aucune trace de cette motion.

furent donc omis du Tableau par décision du Conseil de l'Ordre[1].

Du côté des magistrats

Le Statut des Juifs du 3 octobre 1940, promulgué le 18, ne posait dans l'immédiat aucun problème aux Conseils de l'Ordre. Selon l'article 4 de la loi, l'accès aux professions libérales était permis aux Juifs. La seule interdiction figurant dans le texte était l'appartenance aux organismes chargés de représenter la profession (art. 6). Au barreau de Paris, la disposition n'avait pas d'objet : il n'y avait aucun Juif au Conseil de l'Ordre[2]. Mais une réserve inscrite dans la loi laissait présager l'avenir : « ... à moins que des règlements d'administration publique n'aient fixé pour eux une proportion déterminée. Dans ce cas, les mêmes règlements détermineront les conditions dans lesquelles aura lieu l'élimination des Juifs en surnombre[3] ». C'était l'annonce du *numerus clausus*. Pourtant, s'agissant des avocats, le bâtonnier Charpentier tenait d'Alibert lui-même qu'« il ne se prêterait jamais à

1. Arrêté du Conseil de l'Ordre du 18 février 1941. Cf. annexe n° 5. Henry Torrès avait été déchu de la nationalité française par un décret du 29 octobre 1940 et Pierre Cot par un décret du 6 septembre 1940. Cf. Yvon Martinet, « Au-delà du mystère : Pierre Cot » in *Ordre des avocats à la Cour de Paris. Rentrée du barreau*, 22 novembre 1991, Paris, 1992, pp. 32-33.

2. Cf. procès-verbal du Conseil de l'Ordre de Paris du 28 janvier 1941 constatant cet état de fait. Archives du Conseil de l'Ordre des avocats du barreau de Paris. À Aix-en-Provence, le bâtonnier Crémieu, tombant sous le coup de la disposition, dut quitter le Conseil de l'Ordre (cf. *infra*, pp. 184-185).

3. Cf. *supra*, p. 53.

introduire dans la législation des mesures d'ordre confessionnel[1] ».

La vérité était tout autre. Les projets de *numerus clausus* des avocats étaient déjà en discussion devant le Conseil d'État du temps d'Alibert. Mais il convenait d'abord de procéder sans délai à l'élimination des magistrats juifs à tous les niveaux de l'institution judiciaire. Le maréchal Pétain avait clairement manifesté sa volonté sur ce point lors de la discussion en Conseil des ministres du Statut des Juifs du 3 octobre. Pour lui, il ne devait plus y avoir en France de Juifs rendant la justice aux Français. Même les anciens combattants cités à l'ordre du jour ou décorés à titre militaire ne pourraient demeurer magistrats. Dans ce cas, le « baptême du sang » ne suffisait pas à laver de l'indignité d'être juifs. Selon la loi, les fonctionnaires juifs devaient quitter leurs postes dans un délai de deux mois. Il y avait donc urgence à régler le sort des magistrats juifs.

Le 20 novembre 1940, Alibert, en sa qualité de garde des Sceaux, adressait aux chefs de Cour une lettre-circulaire les invitant à lui communiquer « dans les plus brefs délais, et au plus tard le 1er décembre prochain, la liste des magistrats, juges de paix, suppléants de greffiers et secrétaires de Parquet de race juive exerçant leur fonction dans votre ressort[2] ». Pour éclairer les chefs de Cour d'appel, la lettre-circulaire d'Alibert fournissait quelques précisions : « Il conviendrait de vous attacher à rechercher si l'intéressé, ses parents ou ses grands-parents appartenaient à la race juive.

1. Jacques Charpentier, *op. cit.*, p. 127.
2. Lettre-circulaire du 20 novembre 1940, A.N. 3W47.

En présence de personnes détachées de toute pratique religieuse, des indications utiles pourraient être trouvées dans l'aspect de certains noms patronymiques, dans les choix des prénoms figurant sur les actes d'état civil, et dans le fait que les ascendants auraient été inhumés dans un cimetière israélite[1]. »

Comment se déroulèrent les enquêtes demandées aux chefs de Cour ? Dans nombre de ressorts judiciaires, il apparut bien vite qu'il n'y avait aucun magistrat juif. Dans les autres, les choses traînèrent en longueur.

Le 16 décembre 1940, à l'hôtel des Thermes à Vichy, se tient une réunion destinée à examiner les questions posées par l'application à la magistrature de la loi du 3 octobre 1940. Un membre du cabinet du garde des Sceaux précise que « les procureurs généraux et les premiers présidents ont été invités à fournir des états relevant tous les Israélites de leurs fonctions. Pour la magistrature, ce n'est pas encore fait, puisque ce n'est pas absolument au point[2]... » On n'a guère de mal à imaginer ce que signifiait, pour un chef de juridiction, une telle mission d'élimination de collègues aux côtés desquels il avait siégé, vécu, et qui étaient souvent des amis. Aucun, cependant, ne paraît s'être dérobé à cette tâche parmi les hauts magistrats qui avaient fait carrière sous la République et s'étaient toujours réclamés de ses principes. Formée à appliquer la loi sans jamais s'interroger sur sa conformité aux Droits de l'homme, la magistrature de ce temps-là ne conce-

1. *Ibid.*
2. A.N. F60 490. Procès-verbal de la réunion du 16 décembre 1940 à Vichy.

vait pas de refuser de mettre en œuvre des textes, même si, en leur for intérieur, certains de ses membres les réprouvaient. Le même état d'esprit inspirait la lettre qu'adressa le président du Sénat, Jules Jeanneney, incarnation des vertus républicaines, au maréchal Pétain en réponse à la demande qui lui était faite d'établir lui-même la liste des sénateurs juifs :

« Je réprouve la loi sur le Statut des Juifs pour tout ce qu'elle a de contraire à la Justice, au respect de la personne humaine, à la tradition française, comme aussi parce que les Allemands nous l'ont imposée. Elle est pourtant la loi. Obéissance lui est due[1]. »

Mais qui dira la profondeur de la blessure ressentie par ceux que l'on chassait ainsi de la magistrature à laquelle ils avaient choisi de consacrer leur vie ? Léon Lyon-Caen, avocat général près la Cour de Cassation, dont le père, Charles Lyon-Caen, avait été doyen de la Faculté de droit et secrétaire perpétuel de l'Académie des sciences morales et politiques, était entré dans la magistrature en 1904. Ancien combattant de la guerre 1914-18, officier de la Légion d'honneur, il dut quitter ses fonctions en décembre 1940. Dans ses notes personnelles, on lit : « C'est l'effondrement de tout ce qui m'est cher[2]. » Dressant son portrait au lendemain de sa mort, un proche écrivit : « Il a toujours servi l'État français et sa Justice, sauf pendant les quatre années où il

---

1. Jules Jeanneney, *Journal politique : septembre 1939-juillet 1942*, Éd. Armand Colin, 1972, p. 282. Cf. Dominique Gros, « Le droit antisémite de Vichy contre la tradition républicaine », in *Juger sous Vichy*, « le Genre humain », Seuil, nov. 1994, pp. 17-27.

2. *Léon Lyon-Caen, 1877-1967*. Plaquette imprimée contenant divers textes en hommage à celui-ci, ainsi que des notes et réflexions de Léon Lyon-Caen, p. 25.

fut écarté de sa fonction par des mesures qu'il ne put jamais accepter ni même clairement comprendre[1]. »

Aucun magistrat, qu'il servît ou subît la loi d'exclusion, n'éleva de protestation publique. Le statut des Juifs faisait désormais partie du droit positif et était appliqué comme toute autre branche du droit[2]. Le 20 mai 1941, dans un rapport sur l'application de la loi du 3 octobre 1940, le Commissariat général aux Questions juives précisait au gouvernement de Vichy que, s'agissant des magistrats juifs, leur « élimination (*sic*) est aujourd'hui terminée[3] ».

La préparation du numerus clausus *des avocats juifs*

Durant l'automne 1940, la priorité est ainsi donnée par Alibert à l'éviction totale des Juifs de la magistrature, conformément à la volonté du maréchal Pétain. La décision n'en est pas moins déjà arrêtée de limiter à un pourcentage symbolique le nombre des Juifs autorisés à exercer la profession d'avocat. Cette politique

1. *Ibid.*, p. 28. Des quatre fils de Léon Lyon-Caen, l'aîné, François, avocat au Conseil d'État et à la Cour de Cassation, blessé en juin 1940, arrêté en août 1941 et interné à Drancy, fut déporté et mourut à Auschwitz. Charles, capitaine dans les F.F.I., et Georges, sous-lieutenant parachutiste, furent tués au combat en août 1944.

2. Entre juin 1941 et juin 1944, plus de 500 Juifs seront traduits devant les tribunaux français pour avoir violé les lois anti-juives, la plupart d'entre eux à partir de la période des déportations massives de 1942. Cf. Marrus et Paxton, *op. cit.*, p. 135.

3. A.N. AJ38 1143, C.G.Q.J., rapport pour le maréchal Pétain, 20 mai 1941. Au total, 59 fonctionnaires juifs du ministère de la Justice, magistrats compris, furent exclus par application du statut (A.N. AJ38 119).

du *numerus clausus* avait été celle des régimes autocratiques et antisémites d'Europe orientale, notamment de l'Empire russe. Selon l'idéologie de Vichy, la présence de Juifs dans les professions libérales ne pouvait être tolérée qu'« à dose homéopathique[1] ».

Quelle était donc la proportion d'avocats juifs tolérable au sein du Barreau ? Devait-on prévoir des exceptions, notamment pour les anciens combattants ? Selon quelle procédure arrêter la liste des exclus dans les barreaux où le nombre des Juifs dépasserait la limite fixée ? Autant de questions complexes auxquelles le législateur devait fournir des réponses. Le droit n'exprime pas que des valeurs et des choix politiques ; il est aussi une technique. L'heure était venue pour les techniciens du droit de mettre en forme juridique l'exclusion des Juifs. Ils se mirent au travail avec la méticulosité requise.

S'agissant de la profession d'avocat, le premier projet de décret fut préparé par les services du ministère de la Justice. Le 8 janvier 1941, un texte émanant de la Direction civile, 2e bureau, accompagné d'une note signée par Raphaël Alibert, garde des Sceaux, fut transmis au vice-président du Conseil d'État[2]. Ce projet comprenait dix-neuf articles. L'article premier fixait à 2 % de l'effectif total des avocats inscrits ou stagiaires le nombre de Juifs admis à exercer la profession. Compte tenu des effectifs des barreaux et du nombre d'avocats présumés juifs en leur sein, seuls

1. Cf. Xavier Vallat, commissaire général aux Questions juives, dans une conférence à l'École des cadres d'Uriage, début 1942 : « Le Juif est supportable à la dose homéopathique. » A.N. 3W. 211, n° 5. Cf. Marrus et Paxton, *op. cit.*, pp. 89-91.

2. Projet du 8 janvier 1941. Archives du Conseil d'État.

étaient en fait concernés en métropole les grands barreaux : Paris, Lyon, Marseille, Toulouse, Bordeaux, à l'exclusion de Strasbourg, considéré comme partie intégrante du IIIe Reich. Mais c'était à l'évidence le barreau de Paris que visait le législateur. Selon la Chancellerie, ce dernier comptait alors 2 500 membres, dont 400 étaient présumés juifs (selon quelles sources ?) en vertu de la loi du 3 octobre 1940.

Pour limiter autant que possible le nombre d'avocats juifs inscrits au barreau de Paris, la Chancellerie avait arrêté que les 2 % de Juifs admis à y demeurer seraient calculés, non par rapport à l'effectif total, mais à celui des avocats non juifs. Ainsi, en l'espèce, ce pourcentage serait calculé sur 2 100, et non pas sur 2 500. Il était préalablement entendu que ce calcul serait effectué par ressort de Cour d'appel. Déterminer pour l'ensemble du territoire national le nombre d'avocats juifs admis à exercer se serait révélé plus favorable à leur présence dans certains barreaux, notamment à Paris. Par ailleurs, le projet stipulait que « le nombre des avocats juifs en exercice dans le ressort d'une Cour d'appel ne pourra en aucun cas être supérieur à celui des avocats juifs... au jour de la publication du décret[1] ». Il s'agissait d'empêcher la réinstallation en province, notamment en zone libre, des avocats juifs exclus du barreau de Paris. Avec mansuétude, toutefois, l'article 2 du projet prévoyait que, « pour permettre aux Juifs de bénéficier intégralement (*sic*) du pourcentage qui leur est accordé, le

1. Direction civile, 8 janvier 1941. Archives du Conseil d'État (souligné par nous).

chiffre décimal sera arrondi au nombre entier le plus voisin[1] ».

Quant aux avocats juifs anciens combattants, ils pourraient être maintenus en sus de la proportion fixée, « mais seulement à concurrence de la moitié au maximum de ladite proportion », soit 1 % du nombre des avocats non juifs.

Alibert annonçait qu'il resterait ainsi 63 avocats juifs inscrits au barreau de Paris. Plus des quatre cinquièmes des avocats juifs devraient abandonner l'exercice de leur profession. Aucune indemnisation ni retraite n'était prévue à leur intention. Que deviendraient-ils ? Comment allaient-ils gagner leur vie ? Le projet demeurait silencieux. Une commission de classement nommée par le garde des Sceaux, composée de deux magistrats de l'Ordre judiciaire, de deux bâtonniers ou membres des Conseils de l'Ordre et d'un professeur des facultés de droit, aurait pour mission de désigner ceux des avocats juifs qui devraient quitter le Barreau. Pour procéder à cette sélection négative, aucun critère objectif (ancienneté dans la profession, titres universitaires, etc.) n'était mentionné dans le texte.

La procédure d'élaboration du décret suivit son train ordinaire au Conseil d'État. Quelques mois plus tôt, à l'automne 1940, dix-sept de ses membres, dont

1. *Ibid.* Le calcul du *numerus clausus* entraînait de singulières conséquences. Ainsi, dans une note du 9 octobre 1941 adressée au ministère de la Justice, le C.G.Q.J., précisait : « Dans une Cour d'appel où il y a moins de 124 avocats non juifs, le *numerus clausus* de 2 % fera place à 2 avocats juifs. S'il y a 126 avocats non juifs, il y aura place pour 3 avocats juifs », C.D.J.C., CXCV-158. Cf., pour la mise en œuvre du *numerus clausus* dans le ressort de la Cour d'appel de Lyon, *infra*, ch. V, p. 187.

deux présidents de section, avaient dû, comme Juifs, quitter la haute institution où s'étaient illustrés certains de leurs correligionnaires dont Léon Blum. La matière était déjà familière au Conseil d'État. Un rapporteur fut désigné. Il se mit à l'ouvrage, traitant de ces problèmes de droit antisémite comme de n'importe quelle autre question juridique. Le 27 janvier 1941, il présenta le projet en section[1]. Il invita à considérer de façon autonome le cas des avocats juifs à la Cour de Cassation et au Conseil d'État. Sur soixante, on savait que quatre d'entre eux étaient juifs. En ce qui concernait les avocats des barreaux de Cours d'appel, le rapporteur ne négligea aucune précision pour calculer le nombre d'avocats juifs autorisés à exercer. Il proposa de dresser trois tableaux : les non-Juifs (A), les Juifs anciens combattants (B), les Juifs non combattants (C). Les listes A et C seraient tenues à jour sous le contrôle du Parquet. Deux commissions interviendraient : une commission spéciale choisirait, parmi les anciens combattants juifs, ceux qui seraient maintenus en exercice, à concurrence du pourcentage fixé ; une commission de classement désignerait parmi les autres avocats juifs ceux qui devraient renoncer à l'exercice de leur profession.

Devant l'Assemblée générale du Conseil d'État, le 31 janvier 1941, le rapporteur souligna que le projet de décret fixait irrévocablement le nombre d'avocats juifs admis au jour de sa publication à exercer dans le ressort de chaque Cour d'appel. Ainsi, à l'avenir, si le nombre des avocats non juifs venait à augmenter dans le ressort d'une Cour d'appel, celui des avocats juifs ne

1. Archives du Conseil d'État.

s'accroîtrait pas pour autant. Le rapporteur rappela que le décret sur les avocats ne serait pas applicable à l'Algérie où la proportion de Juifs avocats paraissait plus élevée qu'en métropole. Des décrets particuliers devraient donc intervenir[1].

L'Assemblée générale du Conseil d'État se préoccupa en premier lieu du sort des avocats juifs anciens combattants. Elle proposa de les conserver au Barreau sans aucune limitation de nombre. Quant aux autres avocats juifs, ils seraient maintenus ou admis à concurrence de 2 % de l'effectif des avocats non juifs[2]. L'Assemblée générale estima d'autre part que, cette proportion de 2 % étant déjà très faible, il n'y avait pas lieu de bloquer au jour de la publication du décret le nombre des avocats juifs.

Tandis que se déroulait cette procédure au Conseil d'État, Joseph Barthélemy avait remplacé Raphaël Alibert, le 27 janvier 1941, au ministère de la Justice. Il jugea nécessaire de consulter le secrétaire général aux Anciens Combattants sur l'avis de l'Assemblée générale du Conseil d'État. Le 18 février 1941, le Secrétaire général répondit au garde des Sceaux qu'il approuvait la position du Conseil d'État[3].

Le projet fut donc renvoyé en section afin de préparer un nouveau texte sur les bases fixées par l'Assemblée générale. La section se réunit le 4 mars 1941. Mais, avant que le projet ne revienne devant l'Assem-

1. Rapport de la section à l'Assemblée générale du Conseil d'État, 31 janvier 1941, Archives du Conseil d'État. Cf. *infra*, Annexe 1.

2. Note manuscrite du 25 février 1941, Archives du Conseil d'État.

3. C.D.J.C., CCCLXXIX-9, cité par Richard Weisberg. « Les maîtres du barreau », *Le Droit antisémite de Vichy*, pp. 401-412.

blée générale, se produisit un événement important au regard de la législation antisémite : le 29 mars 1941 fut créé le commissariat général aux Questions juives[1]. En conséquence, le vice-président du Conseil d'État, Alfred Porché, écrivit au garde des Sceaux, le 7 mai 1941, que les questions de *numerus clausus* lui paraissaient relever désormais de la compétence du commissaire général aux Questions juives et qu'il y avait lieu de recueillir son avis[2].

Xavier Vallat

La création du commissariat général aux Questions juives (le C.G.Q.J.) annonçait une nouvelle étape dans la politique antisémite menée par le gouvernement de Vichy. Son patron, Xavier Vallat, incarnait en effet l'antisémitisme le plus virulent de la droite française autoritaire, catholique et nationaliste. Il n'appartenait pas, comme Alibert, à l'élite bourgeoise des grands corps de l'État. Alors âgé de cinquante ans, il avait été le dixième enfant d'une famille pauvre. Son père était un instituteur du Vaucluse, catholique, patriote et d'Action française. Lui-même avait enseigné la littérature française au collège catholique d'Aix-en-Provence. La Grande Guerre venue, il s'était illustré par son courage et avait perdu un œil et une jambe au combat. Rendu à la vie civile, il s'était jeté dans l'ac-

1. Loi du 29 mars 1941, *J.O.* du 31 mars 1941, p. 1386. Cf. Joseph Billig, *Le Commissariat général aux Questions juives, 1941-1944, op. cit.*, t. I, pp. 45-58.

2. Lettre du vice-président du Conseil d'État du 7 mai 1941, Archives du Conseil d'État.

tion politique. Député de l'Ardèche presque sans interruption de 1919 à 1940, il avait appartenu à divers mouvements d'extrême droite, de l'Action française aux Croix de Feu du Colonel de La Rocque, du « Faisceau » de Georges Valois au Parti républicain national et social de Pierre Taittinger. Il militait aussi dans des organisations d'anciens combattants catholiques.

Devenu avocat, son passé militaire, ses engagements politiques et son antisémitisme notoire lui avaient valu d'être élu, en 1936, au Conseil de l'Ordre de Paris[1]. Il en était toujours membre en 1941. En juillet 1940, le maréchal Pétain l'avait nommé secrétaire général aux Anciens Combattants. Xavier Vallat avait été l'artisan de la création de la Légion des Combattants dont il voulait faire le pilier du nouveau régime. Farouchement nationaliste, il détestait les Allemands et n'avait pas hésité à les braver en nommant des présidents départementaux de la Légion des Combattants dans des territoires déjà annexés par le Reich. En lui confiant le poste de commissaire général aux Questions juives, Pétain et Darlan marquaient que si le nouveau régime entendait fonder une France où les Juifs seraient traités en citoyens de seconde zone, voire en parias, leur antisémitisme se voulait national. Nul mieux que Xavier Vallat, combattant héroïque de la Grande Guerre, catholique fervent et dévot du Maréchal, ne pouvait incarner cet antisémitisme « à la française ».

La doctrine de Vallat était celle de la plupart des antisémites issus de l'Action française. Il s'en est clairement expliqué à maintes reprises[2]. Il écrivait en 1942 :

---

1. Cf. *supra*, p. 22.
2. Cf. notamment *Le Nez de Cléopâtre*, *op. cit.*, pp. 226-227.

« Nul ne discute plus le caractère particulier du peuple juif. Il fut le Peuple élu (...). Mais il est aussi la race maudite que le déicide, collectivement consenti, a condamné à ne plus avoir de patrie et à errer à travers le monde. Nous le trouvons répandu parmi toutes les nations, mais ne s'y incorporant jamais, gouttes d'huile roulant sur les océans humains sans s'y dissoudre (...). La Révolution française, la première, fit la folie de vouloir les considérer comme des citoyens pareils aux autres (...). Chez nous, où Paris a vu accourir 300 000 Juifs de 1812 à nos jours, ils avaient envahi les professions libérales et intellectuelles, la presse, la radio, le cinéma, la haute administration et la politique, c'est-à-dire tout ce qui sert à mener une démocratie. La France était atteinte d'un transport juif au cerveau, dont elle a failli mourir. Il nous a bien fallu prendre le bistouri[1]. »

Il ajoute : « C'est pourquoi j'ai dit à l'amiral Darlan et au Maréchal : "Il faut prendre des mesures de protection contre une influence juive prépondérante dans un certain nombre de secteurs"... » Mais il émet cette réserve conforme à son passé d'ancien combattant : « Il y a bien entendu là-dedans des gens que nous devons considérer comme assimilés : ce sont ceux qui, ayant servi sur le champ de bataille – eux ou leur famille –, ont reçu le baptême du sang[2]. »

---

1. Xavier Vallat, préface à *Juif français*, de Gabriel Malglaive, Paris, 1942, cité in *Le Statut des Juifs de Vichy*, *op. cit.*, pp. 35-39.

2. « Donc, dans une législation qui comportera des interdictions, des prescriptions ou des réglementations plus ou moins étroites, automatiquement il doit y avoir des dérogations pour ceux qui sont anciens combattants et pour leur famille – ascendants, veuves, descendants et pupilles de la nation. », *Le Procès de*

En 1942, dans une préface à un ouvrage antisémite, Vallat se montre encore plus explicite :

« À l'heure actuelle, la France métropolitaine compte 350 000 Juifs. Là-dessus, 180 000 sont venus de l'Europe centrale et orientale trop récemment pour avoir eu le temps d'être naturalisés. Sur les 170 000 restants, la moitié seulement sont citoyens français par hérédité, les autres ont été naturalisés de fraîche date. Ainsi, plus que dans d'autres pays, le problème juif se pose-t-il chez nous comme un problème d'étrangers. À renvoyer où ? Chez eux, c'est-à-dire dans le vaste monde ? Par quels moyens, tant que la guerre dure ? En réalité, c'est au vainqueur, s'il entend organiser durablement la paix, qu'il appartiendra de trouver le moyen, mondial si possible, en tout cas européen, de fixer le Juif errant[1]. »

Que Xavier Vallat ait connu dès sa nomination les projets allemands de déportation des Juifs de France, il est difficile d'en douter. La veille de la rencontre prévue au début d'avril 1941 entre Xavier Vallat et le général von Stülpnagel, le Dr Best, chef de l'Administration civile, envoya à ce dernier un schéma de l'entretien. Le point 3 de ce texte est sans équivoque :

« Le commissaire général français aux Questions juives est invité à mettre sur pied, d'ores et déjà, le plan et les mesures préliminaires d'une déportation future des Juifs. Il pourra se mettre à cet effet en rapport, par l'intermédiaire de notre service, avec les

---

Xavier Vallat présenté par ses amis, préface de Marie-Madeleine Martin, Éditions du Conquistador, Paris, 1948, p. 63.

1. Xavier Vallat, *op. cit.*, p. 12 (souligné par nous).

autorités du Reich ayant l'expérience de ces questions[1]. »

Et le procès-verbal de l'entretien du 5 avril précise : « Le Dr Best souleva la question exposée dans le paragraphe 3 du projet d'entretien annexé en date du 4 avril 1941 et concernant les dispositions en vue d'un règlement définitif du problème juif, ainsi que celle des rapports entre les services compétents français et allemands. » Vallat déclara n'avoir eu jusqu'à présent « aucun rapport avec les services allemands[2] ». Il s'empressa de préciser à ses interlocuteurs que le gouvernement de Vichy avait exclu de la compétence du C.G.Q.J. les questions concernant le fichage et l'internement des Juifs. Les Allemands furent déçus. Vallat refusait la « partie désagréable » du problème juif, c'est-à-dire les arrestations et les déportations[3].

Mais, lorsque Xavier Vallat, en 1942, s'en remettait à Hitler du soin de « trouver le moyen, mondial si possible, en tout cas européen, de fixer le Juif errant », il ne pouvait ignorer la solution envisagée en avril 1941, c'est-à-dire la déportation à l'Est de tous les Juifs européens. S'il ne pouvait imaginer la « solution finale »,

---

1. Cité in J. Billig, *op. cit.*, t. I, p. 61.

2. Rapport Best du 5 avril 1941, *ibid.*, p. 63. Xavier Vallat déclara, au cours de son procès, qu'il n'avait pas pris l'initiative de cette visite, qu'il l'avait faite sur ordre du gouvernement de Vichy, pour préciser sa conception du problème juif : « Cette conception, j'en ai fait état à l'ambassadeur Abetz et au général von Stülpnagel, en présence du Dr Best. L'un et l'autre voulurent bien me dire qu'ils comprenaient parfaitement cette position, en échange de quoi je les assurai de mon esprit de collaboration le plus loyal. » Extrait d'un rapport adressé par Xavier Vallat à Moysset, secrétaire d'État à la présidence du Conseil, en date du 7 février 1942, cité in Billig, *op. cit.*, t. I, p. 65.

3. Cf. Marrus et Paxton, *op. cit.*, p. 96, et C.D.J.C., CXXIV-41.

c'est-à-dire l'extermination des Juifs décidée par Hitler dès l'automne 1941, il connaissait au moins le projet de déportation massive des Juifs de France. Sans doute aurait-il souhaité, jusque dans le cadre de cette solution « européenne », que fussent épargnés les Juifs français de vieille souche, anciens combattants, et leurs familles ; mais sa tolérance envers les Juifs s'arrêtait là.

Les lois de Xavier Vallat

Vallat était antisémite, nationaliste et juriste. Antisémite, il tenait à instituer un régime d'interdiction, d'exclusion, de spoliation des Juifs de France. Nationaliste, il souhaitait que le statut des Juifs exprimât la vision traditionnelle, à la fois religieuse et culturelle, de l'antisémitisme français, sans apparaître comme une simple version française des théories raciales du nazisme. Juriste, il avait le souci de créer un droit antisémite complet et cohérent, applicable dans toute la France.

Dès sa prise de fonctions, il se mit avec ardeur à sa tâche législative. La loi du 2 mars 1941 donnait pour mission au commissaire général aux Questions juives de « préparer et proposer au chef de l'État toutes mesures législatives relatives à l'état des Juifs, à leur capacité politique, à leur aptitude juridique à exercer des fonctions, des emplois, des professions... ». Bien évidemment, les textes préparés par Xavier Vallat furent soumis à l'examen critique des membres du gouvernement et des services intéressés, notamment du ministère de la Justice. Le projet du second statut fit en particulier l'objet de discussions animées en Conseil des ministres[1]. Mais que Vallat ait été le principal auteur de ce second statut des Juifs du 2 juin 1941 et des lois qui le complétèrent, lui-même l'a revendiqué lors de son procès :

« J'ai proposé un texte, je l'ai porté au Conseil des ministres... J'ai expliqué les motifs de telle ou telle modification de la loi du 3 octobre 1940... Si vous tenez à savoir si j'en porte la responsabilité morale, bien entendu, c'est moi qui l'ai[2] ! »

Le statut du 2 juin 1941 apportait d'abord une importante précision à la loi du 3 octobre 1940. A propos des grands-parents juifs par référence auxquels s'appréciait la race juive de l'intéressé, il stipulait : « Est regardé comme de race juive le grand-parent ayant appartenu à la religion juive. » La non-appartenance à la religion juive était établie par l'adhésion à l'une des autres confessions reconnues par l'État avant la loi du 9 décembre 1905. La chasse aux certificats de baptême des grands-parents allait de ce fait s'intensifier. Mais, par une singulière contradiction, l'appartenance à une religion autre que juive ne libérait pas l'intéressé de sa qualité de Juif s'il était issu de trois grands-parents de religion juive[3]. Ainsi, un prêtre

1. Cf. Joseph Barthélemy, *Mémoires, op. cit.*, pp. 311-324.
2. *Le Procès de Xavier Vallat, op. cit.*, pp. 90-91.
3. Dans la note aux services du S.D. destinée à préparer les grandes rafles de juillet 1942, Dannecker écrit :

« 4) Aperçu des lois antijuives essentielles. Définition de la notion de Juif selon la 7e ordonnance allemande concernant les mesures antijuives du 24 mars 1942 et selon le statut français du 2 juin 1941 (...). *La définition française étant plus large, elle devra servir de base dans les cas douteux.* »

In J. Billig, *op. cit.*, t. I, p. 242, document original reproduit en annexe.

catholique issu de parents convertis au catholicisme pouvait tomber sous le coup des lois antisémites...

Dans le même temps, le champ des interdictions professionnelles était étendu[1]. S'agissant des professions libérales, les Juifs ne pourraient les exercer que « dans les limites et conditions fixées par décret en Conseil d'État » (art. 4). Alibert avait affirmé le principe inverse : droit pour les Juifs d'exercer une profession libérale sous réserve de dispositions réglementaires contraires. Ce changement législatif était au demeurant symbolique, puisque les décrets prévoyant d'instaurer un *numerus clausus* dans les principales professions étaient déjà en préparation. Mais, pour les avocats juifs, la nouvelle loi mettait fin au régime transitoire dont ils bénéficiaient. Dorénavant, ils ne seraient plus admis à exercer leur profession que dans les limites qui seraient arrêtées par le décret en préparation devant le Conseil d'État.

Au titre des dérogations possibles, Xavier Vallat avait fait ajouter aux Juifs ayant rendu à l'État des services exceptionnels ceux « dont la famille est établie en France depuis au moins cinq générations et a rendu à l'État français des services exceptionnels » (art. 8). Les Israélites français de vieille souche pouvaient voir là une marque de bienveillance du maréchal Pétain à leur égard. Mais ils furent plus sensibles à l'article 9 de la loi qui édictait des peines de six mois à deux ans de prison à l'encontre de « tout Juif qui s'est livré ou a tenté de se livrer à une activité inter-

1. Étaient dorénavant interdites aux Juifs l'édition de livres (et non plus seulement de journaux), les activités financières (banquiers, commissionnaires, courtiers, etc.) ou immobilières (marchands de biens, exploitants de forêts, etc.).

dite », et qui frappait d'une peine d'un à cinq ans de prison « tout Juif qui se serait soustrait ou aurait tenté de se soustraire aux interdictions édictées par la présente loi, au moyen de déclarations mensongères ou de manœuvres frauduleuses (...), sans préjudice du droit pour le préfet de prononcer l'internement dans un camp spécial, même si l'intéressé est français[1] ». C'était étendre aux Juifs français la menace d'internement auquel étaient déjà soumis les Juifs étrangers depuis octobre 1940.

Ces dispositions furent encore aggravées par la seconde loi du 2 juin 1941 « organisant le recensement des Juifs ». Celui-ci avait eu lieu dès octobre 1940 en zone occupée sur ordre des autorités allemandes. L'obligation était désormais étendue à tous les Juifs résidant en zone libre. Dans un délai d'un mois, ils devaient remettre aux autorités préfectorales une déclaration écrite indiquant qu'ils étaient juifs au regard de la loi, et « mentionnant leur état civil, leur situation de famille, leur profession et l'état de leurs biens[2] ». Tout manquement était puni d'un emprisonnement d'un mois à un an, « sans préjudice du droit pour le préfet de prononcer l'internement dans un camp spécial, même si l'intéressé est français[3] ».

1. *J.O.*, 14 juin 1941, p. 2476. Souligné par nous.
2. *Ibid.*
3. *Ibid.* Cf. H. Baudry et J. Ambre : « Les déclarations ont servi à la rédaction des fiches spéciales qui furent centralisées à la Direction générale de la Police nationale. Tous les Juifs français et étrangers résidant en France sont ainsi connus des services de police », in *La Condition publique et privée du Juif en France. Le Statut des Juifs, étude théorique et pratique*, Lyon, Desvignes, 1942. Me Ambre fut ultérieurement décoré de la Médaille de la Résistance.

Ces dispositions étaient si lourdes de menaces pour l'avenir qu'elles furent ressenties par les Israélites français plus cruellement encore que le premier statut d'octobre 1940. R.-R. Lambert écrit dans ses carnets :

« Le 15 juin 1941, avant-hier soir par T.S.F. et hier matin par la presse, j'ai enfin connu les détails du nouveau Statut des Juifs. Un nouveau coup sur la nuque. Jamais je n'avais pu supposer cela (...). Quelle honte pour le pays ! (...) Me voici donc, mon fils, mon frère, ma famille et moi, devenus des "parias" dans le pays pour lequel j'ai failli bien des fois être tué. Tout est possible désormais puisque, comme sanction, on parle pour les Juifs, même français, d'internement sur ordre du préfet (...). Quant à l'avenir, je n'y puis songer sans angoisse. Que faire de mes fils si le Statut demeure ? Les études leur seront interdites. Ils seront des êtres diminués[1]... »

Le président du Consistoire, Jacques Helbronner, obtint un rendez-vous du maréchal Pétain et lui remit en mains propres une lettre dans laquelle il élevait une protestation solennelle contre le recensement des Juifs et le nouveau statut :

« ... Les peines afflictives et infamantes qui y sont indiquées pour le contrevenant prévoient, entre autres, le camp d'internement, même pour les Français. C'est donc que la loi ne vise pas les Israélites en tant que Français ou étrangers, mais, à l'imitation ser-

---

1. R.R. Lambert, *Carnets d'un témoin*, *op. cit.*, pp. 104-105. Léon Werth, dans son *Journal 1940-1944*, écrit, à la date du 14 juin 1941 : « Le statut des Juifs. La déclaration de judaïsme est obligatoire, comme celle d'une maladie contagieuse. Le plus ignoble, ce sont les exceptions. Les Juifs autorisés à exercer leur métier devront-ils choisir de mourir de faim ou accepter la faveur que leur consentent les Vallat, Darlan, Pétain ? », *op. cit.*, p. 210.

vile de l'autorité occupante, ne connaît et ne reconnaît plus qu'un troupeau juif où la nationalité française n'est plus qu'un accessoire sans valeur ni portée[1]. »

Pareille protestation n'avait pas été élevée lors de la promulgation de la loi du 4 octobre 1940 dont l'article premier permettait l'internement dans des camps spéciaux, par décision du préfet, des « ressortissants étrangers de race juive[2] ». Le moment était venu, pour les Israélites français, de mesurer qu'ils étaient d'abord des Juifs, et que cette considération, pour les autorités de Vichy, l'emportait sur la qualité de citoyens français.

À la mi-1941, une longue protestation fut adressée au maréchal Pétain au nom du Consistoire central, replié à Lyon. Elle était signée par de nombreuses personnalités du judaïsme français : membres des grands corps de l'État, des professions libérales, universitaires, industriels. Elle était l'expression saisissante de leur douleur, de leur patriotisme et de leur résignation :

« Convaincus que les mesures d'exception collective prises à l'égard des Français israélites ne peuvent pas avoir emporté l'adhésion, même tacite, du gouvernement français, d'autant qu'elles sont contraires à ses déclarations antérieures sur le maintien aux Israélites de la nationalité française (...), les Français israélites veulent encore croire que les persécutions dont ils sont l'objet sont entièrement imposées à l'État français par les autorités occupantes et que les représen-

1. Cf. *Le Statut des Juifs de Vichy*, *op. cit.*, p. 43, souligné dans le texte.
2. *J.O.*, 18 octobre 1940, p. 5324.

tants de la France s'efforcent d'en atténuer au maximum les rigueurs (...). Les Français israélites, s'ils ne peuvent sauvegarder l'avenir et peut-être la vie de leurs enfants et petits-enfants, mais tenant avant tout à leur léguer des noms honorables, demandent au Chef de l'État qui, en grand soldat et en chrétien fervent, incarne à leurs yeux la Patrie dans toute sa pureté, de leur donner acte de cette solennelle protestation qui est la seule arme de leur faiblesse[1]. »

Dans une ultime supplique au Maréchal, le Consistoire central demandait que « les mesures en préparation ne soient pas présentées à l'opinion comme une décision gouvernementale uniquement dictée par des pressions extérieures, mais comme un sacrifice dont bénéficiera la communauté française tout entière[2] ».

Étrange aveuglement, en cette heure terrible, comme si ces notables juifs ne pouvaient se résigner à admettre qu'un gouvernement français pût, de son propre chef, faire d'eux des parias dans leur pays !

On ignore ce que fut la réponse de Pétain à Helbronner. Son directeur de cabinet, Du Moulin de Labarthète, écrivit après la guerre : « Le Maréchal n'avait signé ces décrets qu'à contrecœur. Il les regretta très vite et fit l'impossible pour atténuer la rigueur du sort de ses nombreux amis juifs : J. Helbronner, le colonel Stern, la baronne de L., la marquise de V., notamment. Mais il ne s'agissait là que de mesures individuelles[3]... » Lambert, qui connaissait fort bien Hel-

1. Archives du Consistoire central de France, boîte 1, cité in P. Birnbaum, *Les Fous de la République*, *op. cit.*, p. 453.
2. C.D.J.C., XXXI.A.48. Cf. sur les réactions au Statut de juin 1941, A. Rayski, *op. cit.*, pp. 38-40.
3. Du Moulin de Labarthète, *op. cit.*, p. 281.

bronner, rapporte à ce sujet, le 22 juin 1941 : « Au lendemain de la parution de ce nouveau statut, M. Helbronner, président du Consistoire, a vu le Maréchal. Ces mesures, lui a-t-il dit, ont été imposées par les Allemands. Il essaie, mais en vain, de résister le plus possible : "Ce sont des gens épouvantables !" Une telle confession éclaire bien les choses. Mais n'est-ce pas la condamnation de l'armistice et de toute la politique de collaboration[1] ? »

La vérité était bien différente. S'agissant des professions libérales, le maréchal Pétain avait assigné lui-même comme priorité à Xavier Vallat des mesures d'exclusion des Juifs. Vallat l'avait déclaré à ses interlocuteurs allemands dès sa première visite à Paris au général von Stülpnagel. Dans son compte rendu de l'entretien du 4 avril 1941, le Dr Best précise que le Maréchal Pétain avait confié à Vallat une tâche prioritaire : « L'application des principes de la loi du 30 octobre 1940 au-delà du domaine prévu jusqu'ici, à savoir *aux professions libérales* et à l'économie (...). Il devait soumettre au gouvernement et au Chef de l'État des projets s'y rapportant[2]. » Selon le Dr Best, Vallat ajouta qu'« il avait à tenir compte des circonstances spéciales existant en France et de la mentalité du peuple français, animé d'un très rigoureux esprit de justice. En raison de ces considérations, il fallait faire des exceptions, exigées plus particulièrement par les anciens combattants, en faveur des victimes de la guerre. Mais, étant donné qu'il ne s'agissait que des

1. R.R. Lambert, *op. cit.*, p. 105.
2. Joseph Billig, *op. cit.*, t. I, p. 62. Les deux autres tâches prioritaires étaient le contrôle de l'aryanisation économique et le problème du judaïsme en Afrique du Nord.

familles et des survivants de 6 000 à 7 000 combattants juifs, ces exceptions ne présentaient pas de danger[1]... »

En ce qui concerne la profession d'avocat, Xavier Vallat se trouvait placé dans une situation particulière. Non seulement lui-même était inscrit au Barreau depuis 1924, mais, en outre, il était membre du Conseil de l'Ordre dont il n'avait pas démissionné lorsqu'il avait été nommé, en juillet 1940, à Vichy, secrétaire général des Anciens Combattants. S'il ne siégeait pas régulièrement au Conseil, il n'en avait pas moins conservé des liens personnels avec ses membres. D'où l'inévitable interrogation : dans quelle mesure le bâtonnier et le Conseil de l'Ordre ont-ils connu, par Xavier Vallat, les projets de statut des avocats juifs. Quelles ont été leurs réactions ?

Le Conseil de l'Ordre et le numerus clausus

Dès l'automne 1940, Alibert avait fait préparer un projet de décret instaurant un *numerus clausus* pour les avocats juifs, et il en avait saisi le Conseil d'État au début de janvier 1941. Par ailleurs, le bâtonnier Charpentier, à cette époque, se rendait souvent à Vichy et à la Chancellerie à Paris pour y discuter des projets de

1. Dans un compte rendu de visite de protestation d'une délégation d'Anciens Combattants juifs auprès de Xavier Vallat à Vichy, le 11 août 1941, il est précisé : « Xavier Vallat parla longuement de la part personnelle qu'il avait prise dans l'élaboration du statut des Juifs et particulièrement dans le règlement, qu'il estime favorable aux anciens combattants, de la profession de médecin et de celle d'avocat ». In *Le Statut des Juifs, op. cit.*, p. 51.

réglementation de la profession. On a peine à croire que, s'agissant du sort des avocats juifs, le bâtonnier et les membres du Conseil de l'Ordre aient ignoré à cette époque les projets d'établissement d'un *numerus clausus*.

Le bâtonnier Charpentier écrit à ce sujet : « Le Barreau, en grande majorité, réprouva les lois dites raciales. Lorsque le gouvernement de Vichy se décida, sous la pression des Allemands, à appliquer à la profession d'avocat le *numerus clausus*, la question se posa de savoir si nous devions élever une protestation publique[1]. »

Au cours de son procès, Xavier Vallat a donné une version sensiblement différente. Répondant au président, lors de son interrogatoire, il déclare : « Vous m'obligez à vous dire que, quand j'ai envisagé le *numerus clausus* pour les avocats, étant membre du Conseil de l'Ordre, j'ai soumis mon sentiment à mes collègues, et que le principe n'en a été discuté par aucun[2]. » Il précise ensuite : « La seule divergence qu'il y a eu entre le bâtonnier Charpentier et moi a porté sur la priorité du *numerus clausus*. Le bâtonnier

1. *Op. cit.*, p. 152.

2. *Le Procès de Xavier Vallat...*, *op. cit.*, p. 88 (souligné par nous). Il est indiqué en note de bas de page : « Il importe de préciser que Xavier Vallat n'a jamais dit que ses conversations avec ses collègues du Conseil de l'Ordre et ses échanges de vues avec le bâtonnier avaient eu lieu en séance du Conseil de l'Ordre. Cela explique que le registre des séances n'en porte pas trace, mais cela ne permet pas de mettre en doute ce qu'il a affirmé au cours des débats. »

Xavier Vallat considérait que le *numerus clausus* de 2 %, adopté, était extrêmement bienveillant pour les Juifs : « Si l'on avait voulu fixer un pourcentage exactement proportionnel à l'importance de l'élément juif en France, le *numerus clausus* eût été de 0,8 %, et même 0,4 % pour les professions exigeant la nationalité française ». In *Le Nez de Cléopâtre*, *op. cit.*, p. 252.

Charpentier eût préféré que les anciens combattants ou les victimes de la guerre fussent de toute façon hors du *numerus clausus*[1]. »

Dans sa plaidoirie, l'avocat de Xavier Vallat, Me André Vienot, reprit ce propos : « Quant à l'Ordre des Avocats à la Cour d'Appel, à partir du jour où il a appris que le *numerus clausus* était établi, il a négocié avec Vallat et, grâce à ces négociations, nous avons pu faire admettre que les anciens combattants dépassant le *numerus clausus* seraient intégralement maintenus dans leur profession[2]. » Me Vienot avait lui-même été membre du Conseil de l'Ordre pendant la période de l'Occupation. Plaidant dans un procès suivi par la presse, devant un public qui comptait de nombreux avocats, en raison de la personnalité de Xavier Vallat, il paraît impossible qu'il ait prêté à ses confrères du Conseil de l'Ordre un comportement inexact sur un sujet aussi « sensible » en 1947. Ainsi le Conseil de l'Ordre privilégiait lui aussi le baptême du sang. D'autres critères auraient pu être avancés pour conserver en priorité dans le *numerus clausus* certains avocats juifs, tels le nombre de personnes à charge. Mais le Conseil de l'Ordre, conformément à la sensibilité de l'époque entendait marquer son intérêt particulier pour les anciens combattants[3].

---

1. *Ibid.*, p. 88.
2. *Ibid.*, p. 458.
3. La position de l'Assemblée générale du Conseil d'État était plus favorable aux autres avocats juifs que celle du Conseil de l'Ordre. Car elle souhaitait que les Juifs anciens combattants demeurent avocats, mais *en sus* du *numerus clausus*, et non par priorité dans celui-ci. Cf. *supra* p. 73.

La mise au point du décret

Le Commissariat général aux Questions juives répondit avec promptitude à la demande du vice-président du Conseil d'État. Quelques jours après la nomination de Xavier Vallat, survenue le 29 mars 1941, le service de législation du C.G.Q.J. adressa à la Haute Instance un nouveau projet de décret ayant « pour objet de réglementer l'accès des Juifs à la profession d'avocat ». Le C.G.Q.J. acceptait que les anciens combattants juifs et leurs proches soient maintenus au Barreau au-delà des 2 %, sans limitation. En revanche, le C.G.Q.J. se prononçait en faveur de la limitation, dans chaque Cour d'appel, du nombre des avocats juifs à celui existant au 25 juin 1940. Motif : « Il est à craindre que les avocats juifs éliminés du barreau où ils sont en surnombre se réunissent à concurrence du *numerus clausus* dans un autre barreau. » En vérité, on voulait interdire aux avocats juifs éliminés du barreau de Paris de s'inscrire dans des barreaux de province qui ne comportaient pas ou guère d'avocats juifs. Enfin, l'article 8 du projet confiait au Conseil de l'Ordre, « statuant comme chambre de discipline[1] », la tâche de désigner les avocats juifs qui devraient quitter le Barreau.

Le projet poursuivit son cheminement administratif à Vichy. Le 28 mai 1941, les services de Darlan, vice-président du Conseil des ministres, adressaient leurs observations sur les trois projets de décrets pré-

1. Lettre du 15 mai 1941 du commissaire général aux Questions juives au vice-président du Conseil d'État. Archives du Conseil d'État.

parés par le C.G.Q.J., le premier concernant les avocats à la Cour d'appel, le deuxième les avocats au Conseil d'État et à la Cour de Cassation, le troisième les autres officiers publics ou ministériels[1]. À propos de la procédure d'élimination des avocats juifs en surnombre, ils relevèrent que celle-ci ne devait pas être confiée aux Conseils de l'Ordre des barreaux, comme le prévoyait l'article 8 du projet du C.G.Q.J., mais à la Cour d'appel[2].

Le bâtonnier Charpentier devait imputer ce changement de procédure à la vertueuse opposition des barreaux aux projets du gouvernement : « J'avais fait savoir, écrit-il en 1949 aux pouvoirs publics, que le Barreau ne consentirait jamais à appliquer le décret. Aussi le gouvernement confia-t-il le soin de l'exécuter à la Cour d'appel[3]. » En réalité, les services juridiques du gouvernement avaient souligné qu'il n'existait pas de lien de subordination entre les divers barreaux d'une même Cour d'appel. Par exemple, le barreau d'Aix-en-Provence n'avait aucune compétence pour décider quels avocats juifs du barreau de Nice devraient être éliminés en application du *numerus clausus*. Or, le calcul du « contingent d'avocats juifs » maintenus à ce titre devait être fait dans le ressort de la Cour d'appel tout entière. Dès lors, concluaient les services de l'amiral Darlan, « il semble que la désignation des avocats juifs à éliminer ne puisse être confiée qu'à la Cour

---

1. Les avocats au Conseil d'État et à la Cour de Cassation ont un statut particulier, mais sont des officiers ministériels.

2. Cf. lettre du 28 mai 1941 de l'amiral Darlan, ministre, vice-président du Conseil, au vice-président du Conseil d'État. Archives du Conseil d'État.

3. Jacques Charpentier, *op. cit.*, p. 153.

d'appel délibérant en assemblée générale[1] ». Il n'existe en tout cas aucune trace, dans les archives du Conseil de l'Ordre de Paris, d'une protestation quelconque ou même d'une délibération au sujet des projets d'instauration d'un *numerus clausus* dont ses membres avaient eu connaissance par Xavier Vallat.

À son tour, le 4 juin 1941, le garde des Sceaux adressa au vice-président du Conseil d'État les observations de la Chancellerie sur le projet de décret élaboré par le C.G.Q.J. La Chancellerie fit remarquer qu'« à Paris où le nombre des avocats juifs conservés par application du *numerus clausus* serait de 42 (2 % de 2 100 avocats non juifs), plus de 30 avocats juifs étaient déjà titulaires de la carte de combattant 1914-18. Si l'on tient compte des combattants juifs cités pendant la guerre 1939-40 et des orphelins, ascendants ou veuves de militaires morts pour la France, il est permis de penser que le chiffre de 42 sera dépassé et qu'il ne restera aucune place libre pour les avocats juifs non combattants. Il ne sera donc pas tenu compte de la valeur professionnelle, et des avocats au long passé sans tache pourront se trouver évincés par des jeunes stagiaires maintenus en raison de leurs titres militaires[2]... ». La Chancellerie poursuivait : « Le projet actuel (...) est préjudiciable à la sélection professionnelle et donc à la bonne administration de la Justice[3]. » Ainsi Joseph Barthélemy inclinait-il en faveur d'une sélection des avocats juifs selon le mérite professionnel plutôt que sur titres militaires.

1. Lettre du 28 mai 1941, précitée.
2. Ministère de la Justice, Bureau civil n° 2343, 4 juin 1941.
3. *Ibid.*

Rappelons que l'Assemblée générale du Conseil d'État avait souhaité que les Juifs anciens combattants fussent admis au Barreau sans limitation de nombre, les autres avocats juifs étant admis à concurrence de 2 % des non-juifs. Par ce biais, le nombre des avocats juifs autorisés à exercer à Paris aurait été doublé. Il était hors de question, pour le C.G.Q.J., d'adopter ce point de vue. L'article premier du projet de Xavier Vallat prévoyait seulement que, si le nombre des avocats juifs anciens combattants ou de leurs proches remplissait ou dépassait le *numerus clausus*, d'autres avocats juifs pourraient néanmoins, « à raison de leurs mérites exceptionnels », être admis à continuer l'exercice de leur profession, à la demande du Conseil de l'Ordre, par décret rendu en Conseil d'État sur le rapport du commissaire général aux Questions juives et contresigné par le garde des Sceaux, ministre d'État à la Justice[1]. Cette disposition visait évidemment le barreau de Paris. Chacun, au sein du Conseil de l'Ordre, avait son ou ses « bons » confrères juifs. La disposition prévue par Xavier Vallat tendait à satisfaire une demande du bâtonnier Charpentier : « Après de longs palabres, on m'accorda le droit de faire présenter par le Conseil une liste supplémentaire qui, avec l'agrément de la Cour, serait proposée au Ministre. Avec ce second contingent, nous espérions pouvoir conserver parmi nous la plupart de ceux de nos confrères qui avaient conquis notre estime, ou qui avaient absolument besoin de leur profession pour assurer leur existence[2]. »

1. Lettre du 15 mai 1941, précitée.
2. Jacques Charpentier, *op. cit.*, p. 153.

Le 19 juin 1941, les services de l'amiral Darlan adressaient à M. Porché, vice-président du Conseil d'État, un texte qui avait reçu l'accord de la Chancellerie et du C.G.Q.J.[1]. Il reprenait, sauf modifications de détails, le projet de Xavier Vallat. Après en avoir analysé les dispositions principales, le rapporteur devant la section du Conseil d'État concluait : « Le système est sans doute moins équitable et moins avantageux pour la France et la profession que celui qui consistait à ne garder que l'élite [*sic*], tant de nos anciens combattants que des non-combattants[2]. » Le propos reflétait l'état d'esprit général des milieux judiciaires : seuls les avocats juifs « d'élite » devaient demeurer au Barreau ; les autres n'avaient pas place dans la profession d'avocat, sauf à dose homéopathique. Xavier Vallat insistant pour que le statut puisse très vite entrer en application, le projet fut soumis, le 21 juin, à l'Assemblée générale du Conseil d'État, qui n'y apporta que des corrections vénielles.

Il ne restait plus qu'à recueillir l'approbation du projet par les autorités allemandes. Le 3 juillet 1941, le Dr Schmidt, attaché à l'état-major administratif, fit savoir au délégué général du gouvernement français : « Je ne forme pas d'opposition à la mise en vigueur du décret relatif à l'exercice de la profession d'avocat par les Juifs. Je demande que tous les arrêtés pris en vertu de l'article premier, alinéa 5, me soient soumis[3]... » Le décret, adopté en Conseil des ministres, fut signé par

1. 19 juin 1941. Archives du Conseil d'État.
2. Note manuscrite, 21 juin 1941. Archives du Conseil d'État.
3. Archives du ministère de la Justice.

Pétain, Darlan et Joseph Barthélemy à la date du 16 juillet 1941, et publié le 17 au *Journal officiel.*

Les autres statuts

Le même jour était publié le décret « réglementant, en ce qui concerne les Juifs, les fonctions d'officier public ou ministériel : avocats près la Cour d'appel, avoués près un tribunal de grande instance, notaires, huissiers, commissaires-priseurs[1] ». Il n'était nul besoin d'édicter un *numerus clausus* à leur sujet : leur nombre était très inférieur aux 2 % prévus pour les avocats[2]. La limite fut donc fixée au nombre des officiers ministériels juifs exerçant au jour de promulgation du décret. L'on respectait les situations acquises en créant en quelque sorte des « offices juifs » que leurs titulaires pourraient céder à d'autres Juifs.

S'agissant des avocats au Conseil d'État et à la Cour de Cassation, appelés « avocats aux Conseils », le projet avait suivi le même cheminement que celui des avocats à la Cour d'appel. Il était notoire au Conseil d'État que, sur les soixante avocats aux Conseils, quatre devaient être considérés comme juifs au regard du Statut. Le 26 février 1941, le Conseil d'État et le

1. Décret du 16 juillet 1941, *J.O.* du 17 juillet 1941, p. 3000.

2. Selon une note du C.G.Q.J. aux autorités allemandes en date du 9 décembre 1941, on relevait à Paris :
1) 1 notaire juif sur 122,
2) (illisible) avoués juifs près le Tribunal civil sur 150,
3) aucun avoué juif près la Cour d'Appel,
4) 1 commissaire-priseur juif sur 82,
5) 8 huissiers juifs sur 130.
C.D.J.C., CVIII, 5.

garde des Sceaux avaient estimé opportun de reconnaître les situations acquises et de fixer en conséquence à quatre le nombre des charges d'avocats aux Conseils pouvant être occupées par des Juifs. Mais, le 15 mai 1941, le C.G.Q.J., consulté, fit savoir qu'il y avait lieu de s'en tenir au *numerus clausus* de 2 %, avec obligation pour les avocats en surnombre de revendre leur charge dans les cinq ans. Pour soixante avocats aux Conseils, la mise en œuvre du *numerus clausus* aurait abouti à ne conserver que 1,2 avocat juif ! La Chancellerie déclara vouloir s'en tenir au projet originel. Le Conseil d'État objecta pour sa part que, si l'on négligeait la décimale, un seul avocat juif aux Conseils risquait de demeurer en fonction, le projet de décret ne prévoyant aucune dérogation ni priorité en faveur des anciens combattants. Le rapporteur souligna du reste que « l'opportunité d'une proportion d'avocats juifs (...) est moins évidente, s'agissant d'avocats aux Conseils, officiers ministériels dont la nomination est soumise à l'approbation de la Chancellerie[1] ». Le Conseil d'État considéra donc qu'il convenait de maintenir le *statu quo*, comme pour les autres officiers ministériels.

En définitive, aucun décret concernant le sort des avocats juifs aux Conseils ne fut pris. Lors du procès de Xavier Vallat, le président de l'Ordre des avocats aux Conseils vint témoigner en sa faveur : « Nous tenions absolument, déclara-t-il, à conserver dans notre Ordre les quatre Israélites qui s'y trouvaient. Nous avions pour eux les plus hauts sentiments d'es-

1. Note du rapporteur pour l'Assemblée générale du Conseil d'État du 8 juillet 1941. Archives du Conseil d'État.

time et d'affection (...). M. Vallat, à qui nous avons exposé la situation, nous a dit : "Absolument d'accord. Vous désirez garder ces Israélites (...) ? Je ferme les yeux[1]..." »

En fait, les avocats juifs aux Conseils durent renoncer à exercer personnellement leur profession. D'accord avec eux, un autre avocat aux Conseils géra leur charge pendant l'Occupation.

1. *Le Procès de Xavier Vallat, op. cit.*, pp. 321-322.

CHAPITRE IV

Le cruel été 1941

L'accueil fait au statut

Le second statut des Juifs ne suscita guère plus de réactions dans l'opinion publique que le premier[1]. Les mesures antisémites faisaient dorénavant partie de l'ordre juridique de Vichy et le nouveau texte ne paraissait apporter à la législation existante que des modifications de détail. La guerre se poursuivait et l'Allemagne nazie semblait invincible. Dans les Balkans, au printemps 1941, l'armée du Reich avait occupé en quelques semaines la Yougoslavie, la Grèce, la Crète, et rejeté à la mer les Anglais accourus. La guerre de Libye avait vu les Allemands voler au secours des Italiens et remporter, avec l'Afrikakorps commandé par Rommel, d'éclatantes victoires. Le

1. Cf. P. Laborie : « L'existence d'un antisémitisme élémentaire imprégné de xénophobie ne fait pas de doute... L'indifférence au sort des Juifs rejoint, par sa nature, la passivité et le désintérêt avec lesquels est reçue la propagande antisémite », in *L'Opinion française sous Vichy*, Paris, 1989, pp. 270-280. Seuls douze rapports de préfets firent état de réactions de l'opinion publique au statut. Dans la moitié de ces départements, celle-ci se révélait favorable au statut. Dans les autres, elle était partagée. Cf. Marrus et Paxton, *op. cit.*, p. 171.

22 juin 1941, Hitler déclenchait l'invasion de l'Union soviétique. La guerre revêtait dès lors une dimension et une intensité sans précédent. Les bulletins de victoire de la Wehrmacht se succédaient à la radio entre deux marches guerrières. À Paris, un immense « V » aux couleurs du drapeau nazi était accroché sur la tour Eiffel. D'autres flottaient sur les bâtiments officiels occupés par les Allemands. Dans cette atmosphère, alors que le sort de la guerre paraissait basculer sur le front russe à l'avantage des nazis, les nouvelles mesures prises en France à l'encontre des Juifs par le régime de Vichy n'intéressaient guère que les Juifs eux-mêmes.

Certes, le 4 août 1941, le général de Gaulle fit savoir au président de l'American Jewish Congress que les lois racistes étaient considérées par la « France libre » comme « nulles et non avenues[1] ». Mais, jusque dans son entourage, certains hésitaient à contester le bien-fondé de mesures destinées à limiter la présence des Juifs dans la fonction publique ou les professions libérales[2]. En France, les quelques protestations ou réactions qui se manifestèrent témoignaient de la sensibilité de leurs auteurs aux conséquences individuelles de la loi plutôt que d'un refus de ses principes[3].

---

1. C.D.J.C., CCXIV-104. Cf. A. Raisky, *Le Choix des Juifs sous Vichy, op. cit.*, p. 49.
2. Notamment A. Pierre Tissier, maître des requêtes au Conseil d'État, dans un ouvrage sur *Le Gouvernement de Vichy* publié à Londres. Cf. Marrus et Paxton, *op. cit.*, p. 178 ; Jean-Louis Crémieux-Brilhac, *La France Libre, de l'appel du 18 juin à la Libération*, Gallimard, 1996, p. 195.
3. Cf. Marrus et Paxton, *op. cit.*, chapitre V : « L'opinion publique 1940-1942 », notamment pp. 186-188.

Du côté des Églises, la hiérarchie catholique demeurait silencieuse, quand elle n'approuvait pas, par la voix de certains évêques, la nouvelle législation[1]. Le 7 août 1941, le maréchal Pétain avait fait demander à l'ambassadeur de France, Léon Bérard, de se renseigner discrètement sur le sentiment du Vatican à l'égard des mesures antijuives. Le rapport de Bérard ne pouvait qu'apaiser le Maréchal : « Il n'apparaît point, écrivait l'ambassadeur, que l'autorité pontificale se soit à aucun moment occupée ni préoccupée de cette partie de la politique française[2]. » Certes, l'Église ne pouvait admettre le concept de race, ni accepter qu'un Juif ayant reçu valablement le baptême pût être considéré encore comme tel par la loi au prétexte qu'il comptait trois grands-parents juifs. Mais cette divergence demeurait d'ordre doctrinal. Citant saint Thomas d'Aquin, Léon Bérard rappelait que, selon la tradition théologique, « il est légitime de leur [aux Juifs] interdire l'accès des fonctions publiques ; légitime également de ne les admettre que dans une proportion déterminée dans les universités *(numerus clausus)* et les professions libérales (...). Il n'y a rien dans ces mesures, concluait-il, qui puisse donner prise à la critique du point de vue du Saint-Siège[3] ».

Le Conseil de la Fédération protestante, plus sensible à toute forme de persécutions, avait fait remettre

1. Selon Xavier Vallat, le cardinal Gerlier lui aurait dit : « Votre loi n'est pas injuste. Mais c'est à propos de son application que la justice et la charité font défaut. » C.D.J.C., CIX-106.

2. Cf. *Le Monde juif*, n° 94, avril/juin 1979, pp. 40-51, et aussi *Le Statut des Juifs - Documentation, op. cit.*, pp. 86-92.

3. *Ibid.*

à Darlan et au Grand Rabbin de France une lettre s'élevant contre le statut des Juifs. Cette protestation fut renouvelée après la publication de la loi du 2 juin 1941 ordonnant le recensement des Juifs. Et le pasteur Boegner écrivit dans le même sens à Pétain au mois d'août 1941[1].

Mais, dans le public, notamment en zone libre où s'étaient réfugiés de nombreux Juifs, l'antisémitisme grandissait. Comme les difficultés de ravitaillement allaient croissant, les Juifs étaient accusés d'accaparement. Leur oisiveté forcée les rendait suspects, voire odieux. La propagande officielle, la rumeur et les vieux clichés antisémites, toujours présents dans les esprits, contribuaient à faire des Juifs les responsables de la flambée des prix et du marché noir[2]. Le sort des prisonniers, les rigueurs de la vie quotidienne, l'évolution de la guerre à l'Est absorbaient toute l'attention. Au regard de ces questions lancinantes et dramatiques, qu'importait au public le sort fait à quelques milliers de Juifs avocats, médecins ou architectes ? Le vieux fond de xénophobie et d'antisémitisme, nourri par les passions d'avant-guerre et l'amertume de la défaite, trouvait dans ces mesures matière à satisfaction plutôt qu'à critique[3]. Ce n'était pas indifférent pour un gouvernement toujours inquiet de l'état de l'opinion.

En réalité, l'antisémitisme d'État apparaissait dorénavant inscrit dans l'ordre des choses établi par le

1. Cf. Marrus et Paxton, *op. cit.*, p. 192.
2. Cf. P. Laborie, *op. cit.*, pp. 276-277.
3. Cf., à ce sujet, l'analyse des rapports des préfets au ministre de l'Intérieur, notamment en zone libre. Cf. Marrus et Paxton, *op. cit.*, p. 171.

nouveau régime. La personne du Maréchal, sa gloire, l'attachement que lui témoignait la grande majorité des Français, conféraient aux mesures antisémites une sorte de légitimité aux yeux du public. Le libellé même de la loi, aux formules inspirées de l'Ancien Régime – « Nous, maréchal de France, chef de l'État français, le Conseil des ministres entendu, décrétons : (...) art. 4 - Les Juifs ne peuvent exercer une profession libérale (...) que dans les limites et conditions fixées par décret en Conseil d'État » –, marquait que les Juifs constituaient à présent une catégorie à part, stigmatisée par des mesures qui ne pouvaient être que justes, puisqu'elles avaient été édictées par le Père de la Nation.

Pour les juristes, le droit antisémite était devenu objet d'étude, comme toute autre branche du droit, quand il ne suscitait pas chez certains une approbation sans retenue[1]. Fidèles à la tradition française, les magistrats mettaient en œuvre les textes sans les critiquer et sans états d'âme apparents. Des dizaines de milliers de fonctionnaires veillaient d'ailleurs à leur application avec la diligence convenable. Ainsi l'antisémitisme était-il légalisé, normalisé par la pratique quotidienne.

1. Cf. notamment les études de Danièle Lochak, « La doctrine sous Vichy ou les mésaventures du positivisme », in *Les Usages sociaux du droit*, Curapp, PUF, 1989 ; « Écrire ou se taire... Réflexions sur l'attitude de la doctrine française », in *Le Droit antisémite de Vichy*, *op. cit.*, pp. 432-462, et les nombreuses références citées. « En traitant la législation antisémite comme une banale branche du droit, la doctrine a participé à la légalisation de la politique et contribué, à sa façon, à en faciliter tant l'acceptation que l'application », p. 437.

En cette année 1941, cent cinquante ans après le décret de la Révolution qui avait fait des Juifs de France des citoyens français comme les autres, le régime de Vichy les séparait du corps de la Nation. Ils n'étaient plus que des sujets aux droits réduits, frappés d'indignité, d'interdictions et d'incapacités de toutes sortes, dans l'indifférence commune, sinon l'hostilité, comme si, des malheurs de la France, ils devaient être tenus pour les premiers responsables et subir en conséquence des souffrances et des humiliations particulières.

Certes, tout Juif, dans sa vie personnelle, recevait de l'aide ou des marques de sympathie émanant de proches, de connaissances, d'anonymes[1]. Mais, si l'amitié aide à supporter la douleur, elle ne guérit pas la blessure.

Le silence du Barreau

Contre l'instauration du *numerus clausus* et l'exclusion programmée de centaines d'avocats juifs exerçant honorablement leur profession, le Conseil de l'Ordre des avocats de Paris n'émit aucune protestation publique, pas même une motion de principe destinée à prendre date pour l'avenir et dénonçant cette discrimination raciste sans précédent dans l'histoire du Barreau français. Sans doute le Conseil pouvait-il penser qu'il ne convenait pas d'exposer celui-ci à des représailles de la part des autorités d'occupation au

1. Cf. Jacques Bielinky, *Journal, 1940-1942, op. cit.*, pp. 122-123.

moment où il lui fallait assumer la défense des premiers résistants poursuivis devant les conseils de guerre allemands. Mais ce silence est d'autant plus remarquable et significatif que le bâtonnier et le Conseil de l'Ordre ne manquaient pas de critiquer, voire de combattre certaines mesures prises par Vichy lorsqu'elles leur paraissaient attentatoires aux principes traditionnels d'indépendance de la profession ou aux droits fondamentaux de la défense[1]. Le Barreau n'a pas manqué de courage face aux Allemands, ni d'indépendance face au régime de Vichy. Les exemples sont nombreux, qu'il s'agisse de la défense des accusés du procès de Riom, de celle des résistants traduits devant les Sections spéciales, du refus de prêter serment de fidélité au maréchal Pétain[2] ou d'afficher à l'intérieur des locaux de l'Ordre les messages et allocutions de celui-ci[3], ou de réintégrer un avocat, collaborateur notoire, qui avait fait l'objet d'une mesure de radiation avant la guerre[4]. Mais, s'agissant

1. Cf. *supra*, p. 62.
2. Procès-verbal du Conseil de l'Ordre de Paris, 21 février 1941, Archives du Conseil de l'Ordre.
3. Procès-verbal du Conseil de l'Ordre de Paris, 7 janvier 1941, Archives du Conseil de l'Ordre. Le Conseil accepta cependant, en soulignant sa liberté de décision, que le portrait du maréchal Pétain soit placé dans la bibliothèque de l'Ordre (P.-V.. du 21 février 1941).
4. Il s'agissait de Jean-Charles Legrand, ami de Laval, réintégré de plein droit au Barreau par décision du gouvernement en avril 1943. Le Conseil de l'Ordre refusa d'appliquer ce décret. En riposte, le gouvernement, par décret du 11 juin 1943, donna pouvoir au garde des Sceaux de pourvoir aux vacances survenues dans un Conseil de l'Ordre en désignant un nouveau bâtonnier et de nouveaux membres du Conseil. Devant l'opposition des barreaux, le gouvernement renonça à appliquer ce décret. Cf. Joseph Barthélemy, *op. cit.*, et J. Charpentier, *op. cit.*, pp. 199-205.

des lois d'exclusion des avocats juifs, en cette année 1941, seuls régnaient le silence et l'acceptation, aussi bien à Paris que dans les grands barreaux de zone libre qui n'avaient pourtant rien à redouter des Allemands.

Pareille attitude était-elle seulement dictée par une prudente réserve ? Il n'est pas indifférent, à cet égard, de rappeler ce que fut le comportement du Barreau et de la magistrature belges face aux mesures d'exclusion des Juifs décidées par l'administration militaire allemande.

Le 28 octobre 1940, les autorités d'occupation en Belgique prennent une ordonnance définissant la notion de « Juif » selon la loi allemande, prescrivant l'enregistrement des Juifs et ordonnant leur exclusion de certaines professions, notamment de la magistrature et du barreau belges. Le 19 novembre 1940, le premier Président de la Cour de Cassation, Jamar, le procureur général près la Cour de Cassation, Gesche, conjointement avec le bâtonnier de l'Ordre des avocats du barreau de Bruxelles, Me Braffort, adressent une protestation au général von Falkenhausen, commandant en chef de l'Administration militaire allemande : « Les ordonnances du 28 octobre 1940 concernant le statut des Juifs en Belgique ont profondément ému le monde judiciaire (...). Les ordonnances sont l'application en Belgique de mesures en opposition avec les principes de notre droit constitutionnel et de nos lois (...). Il n'apparaît pas que, dans l'administration de la Justice, la présence d'Israélites ait été de nature à troubler l'ordre et la vie publics (...). L'ordonnance, en excluant les magistrats juifs de la magistrature, est en opposition avec les articles 6, 8,

14 de la Constitution. Quant aux avocats, ils ne peuvent être rayés du Tableau de leur Ordre que par voie disciplinaire[1]... »

Le Conseil de l'Ordre des avocats du barreau de Bruxelles décide en conséquence de ne plus publier le Tableau des avocats, afin d'éluder l'application de l'ordonnance allemande. Si les avocats juifs n'en doivent pas moins, à titre individuel, se soumettre à cette ordonnance, au moins le Conseil a-t-il protesté contre elle et refusé de participer à son exécution.

Le Conseil de l'Ordre se réunit le 9 juin 1941 à Anvers pour examiner la question de savoir si cinq avocats recensés comme juifs doivent rester inscrits au Tableau de l'Ordre. Les avocats juifs sont entendus par le Conseil. Après une longue délibération, celui-ci décide de les maintenir au Tableau. La presse de la collaboration se déchaîne. Le *Juristenblad* (hebdomadaire d'informations juridiques) dénonce le Conseil de l'Ordre et exige l'exclusion immédiate des avocats juifs. Le *Volk en Staat*, journal d'extrême droite, écrit le 1er juillet 1941 : « Il y a, au Conseil de l'Ordre d'Anvers, de nombreux éléments violemment opposés à l'Ordre nouveau, qui ne craignent pas d'agir au mépris de l'ordonnance concernant les Juifs (...). Ces décisions insultantes ont été prises par onze membres du Conseil de l'Ordre contre quatre. Nous ne voyons aucune raison de ne pas publier les noms de ces membres[2]... » L'autorité allemande intervient auprès

1. « L'exclusion des Juifs de la magistrature et du Barreau », *Justice et Barbarie, 1940-1944*, in *Juger*, nos 6-7, 1994, p. 36. Cf. Richard Weisberg, « Legal rhetoric under stress, the example of Vichy », *Cardozo Law Review*, vol. 12, 1991, p. 1409, note 89.

2. *Juger*, *op. cit.*, p. 49.

du bâtonnier pour lui rappeler qu'obéissance est due à ses ordonnances dans les territoires occupés. Le 3 juillet 1941, le Conseil de l'Ordre se réunit à nouveau sous la présidence du bâtonnier. Après une nouvelle délibération, le Conseil s'incline et décide que « les avocats inscrits au registre des Juifs ou appartenant à la communauté juive, ou pour lesquels un doute existe quant à leur origine juive, seront exclus du Tableau de l'Ordre[1] ».

Du côté des barreaux français, nulle voix de bâtonnier ou d'ancien bâtonnier ne s'éleva pour dénoncer publiquement des mesures racistes contraires aux principes que le Barreau avait toujours revendiqués hautement comme siens. Aucune motion ne fut votée pour protester contre l'exclusion massive d'avocats imposée par un gouvernement. De cette attitude, le bâtonnier Charpentier a donné après la guerre une explication honorable :

« Lorsque le gouvernement de Vichy se décida, sous la pression des Allemands, à appliquer à la profession d'avocat le *numerus clausus*, la question se posa de savoir si nous devions élever une protestation publique (...). Le 27 juillet 1941, Messieurs Pierre Masse et Eugène Crémieux me remirent en mains propres une lettre conçue en termes très mesurés, et écrite, précisait le texte, strictement en leur nom personnel. Ils y exprimaient leur douleur de voir introduire au Barreau des distinctions touchant aux droits

1. *Ibid.*, p. 41. Le 25 septembre 1944, le Conseil de l'Ordre de Bruxelles, à l'unanimité des voix, annule la décision du 3 juillet 1941, « considérant que cette décision a été imposée au Barreau malgré les efforts faits pour tempérer le caractère haïssable de cette mesure... », *(ibid.)*.

de la conscience (...). Pierre Masse ne me cacha pas qu'il avait cru de son devoir de faire cette démarche, mais ne se faisait pas d'illusion sur son efficacité. Je lui demandai s'il souhaitait que le Conseil prît la protestation à son compte. Il fut d'accord avec moi pour estimer qu'elle n'aurait d'autre effet que d'aggraver la situation de ses coreligionnaires et que la meilleure tactique serait de m'entremettre pour essayer d'obtenir des atténuations au régime qui allait nous être imposé. Après la Libération, M. Crémieux est venu me remercier de mon accueil et de mes conseils[1]. »

Que Pierre Masse et Eugène Crémieux aient effectué cette démarche auprès du bâtonnier Charpentier, il n'y a aucune raison d'en douter. Elle était conforme à leurs principes et à leur tempérament. Profondément avocats, ils ne pouvaient que ressentir intensément l'humiliation de voir l'accès de leur profession limité à un pourcentage infime de Juifs, comme si au-delà de ce seuil, leur présence polluait le Barreau. Les exceptions apportées au profit des anciens combattants et de leurs familles, ou de ceux qui s'étaient illustrés au Barreau ou dont la famille, établie en France de longue date, avait rendu à l'État des services éclatants, ces faveurs-là soulignaient plus cruellement encore que les Juifs étaient, par essence, indignes d'exercer la profession d'avocat. Mais, en même temps, Masse et Crémieux, grands patriotes et citoyens exemplaires, partageaient le légalisme commun aux Israélites français, particulièrement aux membres les plus représentatifs de cette communauté : à la loi même injuste, même odieuse, chacun

1. Jacques Charpentier, *op. cit.*, pp. 152-153.

doit se soumettre. Non point par crainte, mais par un esprit civique poussé à l'extrême chez ces Israélites français qui se voulaient exemplaires dans la Cité. Protester contre la loi injuste, dignement mais discrètement, puis obéir en attendant des jours meilleurs : telle était l'attitude des personnalités du judaïsme français[1].

Pierre Masse avait déjà protesté contre le premier Statut des Juifs auprès du maréchal Pétain[2]. Le 16 février 1941, ayant reçu, en sa qualité de sénateur de l'Hérault, une lettre lui demandant de préciser s'il était de famille juive, il avait écrit au Chef de l'État français :

> « Monsieur le Maréchal,
>
> « Il n'y a pas de "Juifs" au Sénat. Ne font partie de cette Assemblée que des citoyens français, quelle que soit leur religion, élus par un collège électoral, conformément à une Constitution qui n'a pas été abrogée sur ce point.
>
> « J'élève contre la Loi du 3 octobre 1940 la protestation la plus formelle. D'ascendance strictement française dans toutes les branches et aussi loin que je puis remonter, officier d'Infanterie, titulaire de citations qui ont toutes été gagnées en avant des lignes françaises, ancien chef de la Justice militaire à une époque où les gens de la 5e Colonne étaient envoyés aux fossés de Vincennes, ayant parmi mes parents les plus proches quatre officiers tués à l'ennemi, membre du Conseil de mon Ordre, régulièrement élu sénateur par mes compatriotes de l'Hérault, je n'accepte pas d'être traité en Français de la 2e catégorie.
>
> « Croyez que je regrette, en m'adressant à vous, d'avoir à m'exprimer avec cette fermeté. Je n'oublie

1. Cf. *supra*, pp. 84-85.
2. Cf. *supra*, pp. 49-50.

pas la déférence que je vous dois, ni que j'ai eu l'honneur de siéger avec vous au Comité de Guerre en 1917.

« Veuillez agréer, Monsieur le Maréchal, l'assurance de ma respectueuse considération.

Pierre MASSE[1] »

Il est regrettable que la protestation écrite remise par MM. Masse et Crémieux au bâtonnier Charpentier n'ait pas été déposée aux archives de l'Ordre. On comprend que ses auteurs, fidèles à leur ligne de conduite, n'aient point demandé au Conseil de l'Ordre de la reprendre à son compte. Mais on ne peut que demeurer sceptique sur les chances de voir ce dernier faire sienne cette déclaration, même exprimée dans les termes très mesurés qu'évoque le bâtonnier Charpentier. Nul besoin de s'appesantir, à cet égard, sur les liens de certains de ses membres – Pierre Cathala, Xavier Vallat, le bâtonnier Fourcade[2] – avec le gouvernement de Vichy et son chef. A l'époque où fut publié le second statut des Juifs furent promulguées, le 26 juin 1941, les trois lois déterminant le nouveau statut du Barreau. Ces lois avaient été préparées dès la fin de 1940 à la Chancellerie. Les représentants des ins-

1. Copie de cette lettre avait été adressée par Pierre Masse à Jules Jeanneney, président du Sénat. Dans sa lettre d'envoi, Masse écrivait : « Monsieur le Président, Je vous prie de faire noter cette protestation dans les archives du Sénat (...). Rien dans les pleins pouvoirs conférés au Maréchal, comme à ses prédécesseurs, n'autorisait la promulgation de la loi du 3 octobre 1940... » (Lettre communiquée par Pierre et Arnaud Lyon-Caen, neveux de Pierre Masse.)

2. Pierre Cathala, député radical et plusieurs fois ministre sous la IIIe République, ami de Pierre Laval, fut ministre des Finances d'avril 1942 à août 1944. Le bâtonnier Fourcade, sénateur, vice-président du Sénat, fut membre du Conseil national de Vichy et l'un des coauteurs du projet de Constitution du maréchal Pétain.

tances professionnelles, et notamment le bâtonnier de Paris, n'avaient pas manqué d'être consultés par le gouvernement de Vichy[1]. Si les nouveaux textes ne bouleversaient pas l'organisation de la profession, ils satisfaisaient un certain nombre de revendications présentées par les avocats depuis les années trente. Aussi furent-ils bien accueillis par la profession. Le bâtonnier Payen, président de l'Association nationale des Avocats, personnalité importante du Barreau, écrivait : « Applaudissons aux mesures ainsi prises pour élever encore le niveau de la profession[2]. »

Quant au *numerus clausus* limitant la proportion d'avocats juifs, il ne suscitait aucune protestation ni remarque. N'était-il pas déjà tacitement pratiqué lors des élections au Conseil de l'Ordre ou pour le choix des secrétaires de la Conférence du stage[3] ? Le concept même traduisait bien ce qu'éprouvaient certains avocats. Aux yeux de nombreux Français non juifs, une longue tradition historique, une culture chrétienne d'hostilité et de soupçon à l'encontre des Juifs avaient fait de ceux-ci des étrangers réputés inassimilables. Ils pouvaient se comporter comme les autres Français, dans les épreuves scolaires ou universitaires, dans leur carrière professionnelle ou au service de la République, comme les instances communautaires juives se plaisaient naïvement à le

1. Cf. Jacques Charpentier : « Les gens de Vichy me firent bon accueil. L'Ordre des avocats leur en imposait, parce qu'il est une survivance de l'Ancien Régime », *op. cit.*, p. 23 ; cf. aussi p. 124. Et Jean-Louis Halperin, « La législation de Vichy relative aux avocats et aux droits de la défense », *Revue historique*, 1991, pp. 143-156.

2. Fernand Payen, « Le nouveau statut du barreau », *Bulletin de l'Association nationale des Avocats*, sept.-oct. 1941, p. 21.

3. Cf. Jacques Isorni, *op. cit.*, p. 115. Cf. *supra*, p. 21.

souligner. Les Juifs n'en demeuraient pas moins toujours suspects de n'être point des Français comme les autres, quand bien même leur famille était établie en France depuis des siècles. Pis encore : l'hétérogénéité prêtée aux Juifs, cette différence qu'on s'appliquait à maintenir par des pratiques tacites d'exclusion, était toujours considérée comme intrinsèquement pernicieuse. Le *numerus clausus* n'était que la traduction chiffrée du propos de Joseph Barthélemy : « Au moment où la guerre a éclaté, les Juifs tenaient en France une place exagérée[1]... » Il suffisait de substituer aux mots « en France » les termes « au Barreau » pour exprimer une opinion répandue dans les milieux judiciaires conservateurs, c'est-à-dire la majorité de l'époque au Palais de Justice. Le *numerus clausus* instauré par Vichy n'avait à cet égard rien qui pût les surprendre ni les choquer. Il était inscrit dans le nouvel ordre des choses et satisfaisait aux aspirations de nombre d'avocats qui, pour autant, ne se seraient pas reconnus comme antisémites. « Trop, c'est trop » : tel était, vis-à-vis des Juifs inscrits au Barreau, le sentiment le plus communément répandu.

Le *numerus clausus* répondait d'autant mieux à ce sentiment que sa mise en œuvre ultérieure devait rester l'affaire des Conseils de l'Ordre. Dans la société française que le régime de Vichy entendait édifier pour l'avenir, il reviendrait à ces Conseils de choisir parmi les candidats juifs au Barreau ceux qui pourraient remplacer leurs confrères juifs disparus ou bien compléter le *numerus clausus*. À considérer le chiffre de 3 % d'étudiants juifs auquel avait été fixé le

1. Joseph Barthélemy, *op. cit.*, p. 311.

numerus clausus dans les facultés, il n'y avait d'ailleurs guère de menace d'un afflux de candidats juifs...

Selon quels critères serait faite cette sélection ? Le décret ne le disait point. Mais les précisions figurant dans le texte du statut pour justifier les exceptions dessinaient l'avenir : l'ancienneté de l'établissement familial en France, l'éclat des services rendus par leurs proches à la Nation (d'autant plus rares que la fonction publique leur était interdite) seraient sans doute pris en considération, plus encore que les diplômes universitaires acquis en dépit du *numerus clausus* frappant les étudiants juifs.

Ainsi, chaque barreau aurait dans l'avenir son très petit contingent de « bons » avocats juifs. Noyés au sein de la masse de leurs confrères non juifs, leur innocuité serait assurée, y compris au niveau de la concurrence professionnelle. Car derrière les proclamations idéologiques se dissimulaient des intérêts d'un autre ordre, purement matériels ceux-là. La concurrence, du fait de la crise, s'était faite plus âpre. Les avocats, notamment les plus jeunes, se plaignaient de manquer cruellement de dossiers. L'éviction massive des avocats juifs ouvrait à cet égard des perspectives favorables. Déjà, l'élimination des avocats naturalisés ou fils d'étrangers, dont beaucoup étaient réputés juifs, avait été accueillie avec satisfaction par les barreaux à l'automne 1940. C'étaient autant de confrères – c'est-à-dire de concurrents – en moins.

Aussi l'exclusion des avocats juifs, hormis les anciens combattants et leurs proches et une poignée d'entre eux sélectionnés avec soin, fut-elle acceptée sans protestation ni difficulté par les barreaux.

Le rôle du Conseil de l'Ordre

Le bâtonnier Charpentier écrit : « J'avais fait savoir aux pouvoirs publics que le Barreau ne consentirait jamais à appliquer le décret. Aussi le gouvernement confia-t-il le soin de l'exécuter à la Cour d'Appel[1]. » Ainsi, l'Ordre aurait refusé pour les avocats juifs en juillet 1941 ce qu'il avait accepté pour les avocats d'origine étrangère à l'automne 1940 : prendre lui-même les décisions de radiation des avocats tombant sous le coup de la loi d'exclusion.

La réalité apparaît plus complexe.

C'était d'abord au Conseil de l'Ordre de son barreau que tout avocat juif, selon la loi, devait se déclarer dans un délai d'un mois (art. 3 du décret). Mais l'Ordre n'était pas que le destinataire de ces déclarations individuelles. Il lui incombait d'assurer le respect de cette obligation. Au cas où un avocat juif y manquerait, celui-ci serait déféré devant le Conseil de discipline de l'Ordre, lequel prononcerait la radiation si l'omission était volontaire (art. 4). À l'Ordre revenait ainsi la tâche d'exclure les avocats juifs qui refuseraient de se déclarer tels.

Après que l'Ordre des avocats eut dressé la liste des avocats juifs et l'eut transmise au procureur général, sa participation à la procédure de sélection se poursuivait. Dans les deux mois, le procureur général devait élaborer trois états : celui des avocats non juifs à la date du décret, celui des avocats juifs à la date du 25 juin 1940, celui des avocats juifs à la date du décret. Pour ces derniers devait être établie la liste de ceux

1. Jacques Charpentier, *op. cit.*, p. 153.

bénéficiant des exemptions prévues pour les anciens combattants et les victimes de guerre, visées à l'article 3 de la loi du 2 juin 1941. À l'issue de ce délai de deux mois, le procureur général adresserait à la Cour d'appel la liste des avocats bénéficiaires des exemptions. Pour ce qui concerne les autres, le Conseil de l'Ordre était tenu de communiquer à la Cour d'appel son « avis motivé » sur chacun d'entre eux. Au vu des états dressés par le procureur général et des avis motivés du Conseil de l'Ordre, il appartiendrait à la Cour d'appel, siégeant en assemblée générale, d'établir pour chaque barreau la liste des avocats juifs inscrits ou stagiaires « qui devront cesser l'exercice de leur profession » (art. 8 du décret).

Ainsi la procédure de sélection des avocats juifs était confiée à trois autorités : le Parquet général, qui dressait les listes nécessaires au *numerus clausus* ; le Conseil de l'Ordre des avocats, qui recevait les déclarations des avocats juifs et donnait son avis motivé sur chaque cas ; la Cour d'appel qui, au vu de ces listes et de ces avis, procédait à l'élimination des avocats juifs en surnombre.

Il appartenait enfin au Conseil de l'Ordre de dresser la liste des avocats juifs qui, « en raison du caractère éminent de leur mérite professionnel[1] », seraient susceptibles d'être autorisés à demeurer avocats en sus du *numerus clausus*. Le Conseil de l'Ordre de Paris ne paraît pas s'être interrogé sur le sens de la démarche que le législateur lui confiait. Il n'y voyait sans doute qu'un moyen de sauver les avocats juifs les plus méri-

1. Décret du 16 juillet 1941, art. 1, par. 5, *J.O.* du 17 juillet 1941, p. 2999.

tants à ses yeux de l'élimination qui allait frapper tous les autres à l'exception des anciens combattants juifs et de leurs parents. Mais, en lui confiant le soin de solliciter une dérogation en faveur des « bons » avocats juifs, le législateur invitait le Conseil à pratiquer lui-même la sélection entre le petit nombre de ceux qui pourraient continuer d'exercer leur profession et les autres, voués à l'exclusion. Ce n'étaient plus, comme dans le cas des anciens combattants juifs ou de leurs parents, des critères juridiques, objectifs et précis, qu'il fallait mettre en œuvre ; on lui demandait à présent de choisir parmi des confrères ceux qui pourraient demeurer avocats au regard d'une notion aussi vague qu'un mérite « éminent ». Le bâtonnier et le Conseil de l'Ordre estimaient sans doute pouvoir protéger ainsi ceux qu'ils considéraient comme les « bons » avocats juifs. Mais les autres ? Par cette sélection, le Conseil leur signifiait leur exclusion définitive du fait de l'insuffisant éclat de leurs mérites professionnels. Que restait-il du principe traditionnel, si hautement proclamé par les barreaux, selon lequel tous les avocats jouissent devant leur Ordre des mêmes droits ?

La législation de l'antisémitisme

Pour autant, l'attitude des Conseils de l'Ordre n'avait rien de singulier dans le monde juridique. Sous la République, l'antisémitisme avait été un préjugé, parfois une passion ; le régime de Vichy l'avait transformé en législation. La Révolution française avait proclamé les droits des Juifs ; la Révolution nationale avait instauré le droit du Juif. Celui-ci était devenu une catégorie juridique particulière, définie par le législateur, commentée par les professeurs, mise en œuvre par les tribunaux. Le *Journal officiel* publia 168 lois et actes réglementaires concernant les Juifs[1]. Les revues juridiques avaient une rubrique « Juifs » entre « Juge de paix » et « Justice militaire »[2]. À la Faculté de Droit de Paris, trois professeurs de renom composèrent le jury de soutenance d'une thèse de doctorat intitulée « *La qualité de juif*[3] ». Le professeur Gaston Jèze, qui faisait autorité en droit public, publia dans la *Revue de droit public* une chronique sur « la définition légale du Juif au sens des incapacités légales[4] ».

Au sein des juridictions, les premières décisions concernant le statut des Juifs d'octobre 1940 furent rendues dès le printemps 1941[5], prémices d'une juris-

---

1. Cf. Dominique Gros, « Le droit antisémite de Vichy contre la tradition républicaine », communication au colloque *Juger sous Vichy*, École nationale de la Magistrature, Bordeaux, novembre 1993. Les actes du colloque ont été publiés par Le Seuil, collection « Le Genre Humain », Paris, 1996.

2. Cf. Danièle Lochak, « La doctrine sous Vichy ou les mésaventures du positivisme », in *Le Statut des Juifs de Vichy, op. cit.*, p. 125, et les références très complètes en annexe.

3. André Broc, « La qualité de Juif, une notion juridique nouvelle », thèse, P.U.F., Paris, 1943.

4. Cf. Danièle Lochak, *op. cit.*, p. 128. Sur l'ensemble de la question, cf. *Le Droit antisémite de Vichy*, ouvrage collectif, Seuil, « Le Genre humain », Paris, 1996.

5. Selon Marrus, « il y eut plus de 560 Juifs déférés devant les tribunaux français pour avoir violé les lois antijuives entre juin 1941 et le milieu de 1944 ». Cf. « Les juristes de Vichy dans l'engrenage de la destruction », in *Le Droit antisémite de Vichy, op. cit.*, p. 51. S'agissant des juridictions civiles, 174 décisions ont été publiées dans les principales revues juridiques, ce qui ne recouvre pas la totalité des décisions rendues par les juridictions de fond en matière civile ou commerciale à propos des Juifs. Cf. Pascal, « La jurisprudence civile et commerciale », in *Le Droit antisémite de Vichy, op. cit.*, p. 74.

prudence qui allait se développer jusqu'en 1944, avec ses nuances et ses divergences analysées ensuite par des commentateurs subtils. La question essentielle – au nom de quels principes le Juif devait-il faire l'objet de mesures discriminatoires, réductrices, spoliatrices ? – n'était pas posée[1], ou, si elle l'était, c'était par référence à l'idéologie raciste qui tenait le Juif pour un élément inassimilable par nature à la communauté nationale, appelant donc une législation discriminatoire plus sévère encore que celle frappant les immigrés naturalisés[2].

D'avril 1942 à août 1944, le Conseil d'État a rendu en ce domaine une trentaine de décisions. Il a été amené à se prononcer sur la définition légale du Juif à propos de révocations de fonctionnaires ou de nominations, par le commissariat général aux Questions juives, d'administrateurs aux biens juifs prévues par

1. Cf. notamment Danièle Lochak : « On constate en premier lieu que la doctrine n'analyse jamais de façon critique le contenu de la législation elle-même », *ibid.*, p. 440. Cf. Contre-amiral Ven, directeur de l'École nationale de police : « Des problèmes juridiques multiples, complexes, insolites, ont été soulevés par l'élaboration de ce monument législatif qu'est le Statut des Juifs en voie de perfection constante (*sic*)... », préface de l'ouvrage *La Condition publique et privée du Juif en France*, de H. Baudry et J. Ambre, *op. cit.*, p. 25.

2. Cf. Maurice Duverger : « Si le fondement logique de la situation juridique faite aux Juifs et aux naturalisés est identique, la réglementation pratique est assez profondément différente. Les mesures prises à l'égard des Juifs sont plus rigoureuses et plus étendues que les mesures prises à l'égard des naturalisés. Cela s'explique par le fait qu'on a jugé les Juifs plus dangereux politiquement que les naturalisés : l'intérêt public conduisait donc à adopter à leur égard une réglementation plus stricte », in *La Situation des fonctionnaires depuis la Révolution de 1940*, L.G.D.J., 1941, pp. 34-35. Cf. également G. Burdeau, *Cours de droit constitutionnel*, 1942, *op. cit.*, p. 215.

la loi du 22 juillet 1941 sur l'« aryanisation ». Dans les décisions rendues à ce sujet[1], le Conseil d'État rappela imperturbablement que l'objectif de la loi « était d'éliminer toute influence juive de l'économie nationale[2] ». Sur la question de la preuve de la non-appartenance à la religion juive, le Conseil d'État se montra cependant plus ouvert que les tribunaux judiciaires en admettant progressivement d'autres moyens de preuve que ceux strictement énoncés par la loi de 1941[3]. Paradoxalement, le Conseil d'État, statuant au contentieux, veillait en d'autres domaines à faire respecter les principes généraux du Droit qu'il avait consacrés sous la troisième République[4].

S'agissant des demandes de dérogation au Statut en faveur de personnalités juives ayant rendu des ser-

---

1. Cf. à ce sujet, Jean Marcou, *Le Conseil d'État sous Vichy, 1940-1944*, thèse pour le Doctorat d'État, Paris, 1984 ; *Le Conseil d'État, juge administratif sous Vichy*, *op. cit.*, pp. 88-91 ; « La qualité de Juif », in *Le Droit antisémite de Vichy*, *op. cit.*, pp. 165-166.

2. Cf. Jean Massot, « Le Conseil d'État », communication au colloque *Le Régime de Vichy et les Français*, Fayard, 1992, pp. 312-328. Cf. aussi Olivier Dupeyroux, « L'indépendance du Conseil d'État statuant au contentieux », *R.D.P.*, 1983, p. 583.

3. Conseil d'État, 31 décembre 1943, Michelson, Rec. Lebon, p. 311. Cf., sur l'approche plus rigoureuse de certaines juridictions pénales, Tribunal correctionnel de Toulouse, 22 décembre 1941, J.C.P., 1942, II, p. 53, note P. Chauveau. Sur cette jurisprudence du Conseil d'État, cf. Jean Marcou : « La qualité de Juif », *op. cit.*, p. 166. Cf. T. Boufandeau : « La continuité et la sauvegarde des principes du Droit public français. Le juge de l'excès de pouvoir jusqu'à la Libération », *Études et documents du Conseil d'État*, 1947, pp. 23-27. Sur l'attitude du Conseil d'État au regard de la législation antisémite, cf. M. Marrus et R. Paxton, *Vichy et les Juifs*, *op. cit.*, p. 136.

4. Cf. Arrêt Ferrand, 9 juillet 1943, Rec. Lebon, p. 22, annulant l'obligation faite par arrêté préfectoral d'indiquer sa religion sur la fiche d'hôtel. Cf., sur cet arrêt, la note favorable de Jean Carbonnier, Dalloz, 1944, pp. 160-161.

vices éminents à la nation ou qui s'étaient illustrées par leurs œuvres ou leur mérite professionnel, le Conseil d'État, comme il l'avait déjà fait à propos de l'exclusion de la fonction publique des enfants d'étrangers[1], fit montre de la plus grande rigueur. Selon le directeur du cabinet du maréchal Pétain : « Nous nous irritions de la lenteur, parfois même de la parcimonie avec lesquelles le Conseil d'État, chargé de statuer sur les demandes de dérogation, se prêtait à cette œuvre de réparation[2]. »

En matière de législation antisémite, le Conseil d'État éclairait de ses avis le gouvernement. En 1941, une commission spéciale du statut des Juifs fut créée en son sein, présidée par son vice-président, Alfred Porché. Dans un avis au gouvernement sur un projet de décret proposant d'orienter les Juifs vers l'agriculture, la Haute Instance déclarait, le 2 décembre 1941 : « Il n'est pas sans péril, aux yeux du Conseil, de disperser dans les campagnes, sous couvert d'un "retour à la terre", une population presque exclusivement urbaine (...) qui s'est toujours montrée radicalement inapte aux travaux des champs. Il est à craindre que l'on n'aboutisse ainsi (...) qu'à développer l'usure et les opérations clandestines, dites "marché noir". En outre (...), on risque de favoriser la diffusion dans les campagnes des doctrines extrémistes chères à de trop

1. Cf., sur ce sujet, Georges Maleville, conseiller d'État : « Pour les emplois élevés, la commission se montra impitoyable et n'admit pas de dérogation. » Litec, 1979, p. 79.

2. Du Moulin de Labarthète, *op. cit.*, p. 280. Cf., dans le même sens, Jérôme Carcopino, secrétaire d'État à l'Éducation nationale, à propos d'universitaires juifs de renom, *Souvenirs de sept ans, 1937-1944*, Paris, Flammarion, 1953, p. 361.

nombreux Juifs venus d'Europe orientale[1]. » Pareille vision des Juifs était conforme à l'idéologie de Vichy[2].

À prendre la mesure de ce que fut, en ces années 1940-41 l'attitude commune des juristes français devant la législation antisémite de Vichy, l'absence de réaction du Barreau, face au décret du 16 juillet 1941 instaurant le *numerus clausus*, n'est guère surprenante. L'antisémitisme d'État et les mesures discriminatoires contre les Juifs apparaissaient à tous comme inhérents à la Révolution nationale. Pour les avocats comme pour tous les juristes de l'époque, l'apparition d'un droit antisémite s'inscrivait en quelque sorte *naturellement* dans la législation du nouveau régime. Comme les professeurs de droit, des avocats, et non des moindres, étaient amenés à se pencher sur la législation nouvelle, non par antisémitisme, mais parce que cette législation soulevait, comme toute autre à l'époque, des questions juridiques inédites dans son application[3]. La mise en

---

1. Séance du 6 décembre 1941. A.N., Aj38 122-33. Cité par Marrus et Paxton, *op. cit.*, pp. 135-141 et 354, note 67.

2. Il faut rappeler que la loi du 3 octobre 1940 avait conduit à l'exclusion, comme Juifs, du Conseil d'État, de 17 membres, dont 2 présidents de section sur 5, sur un total de 120 membres. Par ailleurs, alors que, pour la période d'avant-guerre, le nombre des membres du Conseil d'État détachés auprès du gouvernement ou dans les ministères oscillait de 2 à 6, il passe, pendant la période de Vichy, à 14 en 1941, 17 en 1942, 19 en 1943. Cf. Jean Marcou, *Le Conseil d'État sous Vichy, 1940-1944, op. cit.*, p. 157 ; Jean Massot, « Le conseil d'État », in *Vichy et les Français, op. cit.*, pp. 312-328 ; Danièle Lochak, « Le conseil d'État sous Vichy et le Consiglio di Stato sous le fascisme », in *Le Droit administratif en mutation*, P.U.F., 1993, pp. 51-83, notamment p. 70.

3. Cf. René Floriot, *Le Droit nouveau. Principaux textes des lois, décrets, circulaires et ordonnances parus entre l'armistice et le 20 novembre, classés d'après leur objet, commentés et expliqués,*

œuvre du droit antisémite appelait donc études et avis des avocats, souvent consultés par les Juifs eux-mêmes. Qui était juif au regard de la loi ? Quelles preuves apporter de sa non-judéité ? Quels droits pouvaient invoquer les Juifs face à l'« aryanisation » de leurs biens ? Ces questions, parmi bien d'autres, étaient posées aux avocats[1]. Leurs conseils et plaidoiries contribuaient à établir et à banaliser l'existence du droit du Juif. Le déploiement de casuistique juridique autour de la qualification de Juif et de ses conséquences, relevait aussi bien de l'activité des avocats que de celle des fonctionnaires et des juges[2]. La législation antisémite était devenue matière à consultations et à procès. En décider ou en contester l'application à telle personne, dans telle situation particulière, n'était pas faire preuve d'antisémitisme et n'était pas davantage le combattre : c'était faire son métier de juge ou d'avocat.

Ainsi, la culture légicentriste des juristes français, le respect du droit positif inscrit dans la tradition juridique française, l'acceptation très générale du régime de Vichy comme gouvernement légitime de la France, tout contribuait à ce que les barreaux assistent sans réaction à l'élimination des avocats juifs. Assurément,

---

Librairie française de documentation, Clichy, 1940, pp. 29-43, 2e éd. 1941, pp. 352-364.

1. Cf. Joseph Haennig, avocat à la Cour d'appel de Paris : « Quels moyens de preuve peuvent être fournis par le métis juif pour établir sa non-appartenance à la race juive ? », *Gazette du Palais*, 1943, 1er sem., doctrine, p. 31. Autres références in Danièle Lochak, *La doctrine sous Vichy ou les mésaventures du positivisme*, *op. cit.*

2. Cf. Richard Weisberg, « Legal rhetoric under stress: the example of Vichy », *op. cit.*, pp. 1380-1405.

nombreux étaient les avocats non juifs qui déploraient, à titre individuel, les conséquences cruelles des mesures d'exclusion frappant tel ou tel de leurs confrères, auquel ils étaient liés par une amitié souvent ancienne. Et l'esprit républicain, qui n'avait pas disparu, leur faisait condamner en leur for intérieur et dans les conversations privées cet antisémitisme d'État « à la française », selon l'expression de Xavier Vallat. Mais les préoccupations quotidiennes et la dureté des temps recouvraient vite le sentiment d'injustice. N'y avait-il pas d'ailleurs, en ce début d'été 1941, des sorts plus cruels que celui auquel Vichy vouait les Juifs ? À tout prendre, pensaient certains, ne valait-il pas mieux être Juif à Paris et devoir quitter le Barreau, que d'être prisonnier de guerre dans un camp en Poméranie ? Ainsi, tout se conjuguait pour que le statut des avocats juifs et le principe du *numerus clausus*, avec ses quelques exceptions, ne suscitent guère d'émotion, et moins encore de protestations au sein du Barreau.

L'absence de tout commentaire critique du statut des avocats juifs dans les revues juridiques fut d'ailleurs la règle. Elle est d'autant plus significative que le décret du 16 juillet 1941 fut publié quelques semaines seulement après la loi du 26 juin 1941 réglementant la profession d'avocat. Ce nouveau statut professionnel avait été salué avec faveur par les commentateurs les plus autorisés. Jean Appleton, avocat et professeur honoraire des facultés de Droit, concluait ainsi son étude au *Dalloz*[1] : « La loi nouvelle (...) a conservé aux

1. Jean Appleton, *Dalloz*, Rec. out, 1942, Législation 1. La loi du 26 juin 1941 ne fut pas abrogée à la Libération et continua de régir la profession d'avocat jusqu'en 1954.

avocats la dignité et l'indépendance de leur profession et ne leur a retiré aucun avantage essentiel. » S'agissant des Juifs, il se bornait à un simple renvoi : « En ce qui concerne les règles particulières de l'exercice de la profession d'avocat par les Juifs, voir le décret du 16 juillet 1941. » Le *Bulletin trimestriel de la Conférence des bâtonniers*, regroupant les barreaux de province, se borna à relever l'existence de lois particulières pour les avocats juifs, sans autre précision[1]. Les autres commentateurs se montrèrent tout aussi succincts[2]. Ils évitaient de s'appesantir sur ce sujet sans doute désagréable à traiter au regard des principes traditionnels du Barreau. Certains commentateurs du nouveau statut s'attachaient néanmoins à souligner le caractère élitiste du métier d'avocat. Le nouvel examen professionnel écarterait du Barreau « les jeunes gens sans vocation[3] », tandis que le renforcement de la discipline professionnelle témoignait de « l'utilité d'épurer les prétoires, en présence de l'inquiétude qui règne sur le sort des élites[4] ». À ces élites, les Juifs, en ces temps de « Révolution nationale », pouvaient-ils encore, à de rares exceptions près, prétendre appartenir ?

Pendant l'été 1941, sous l'impulsion de Xavier Vallat, lois et décrets contre les Juifs se succédèrent à Vichy. Après les avocats, le *numerus clausus* était

---

1. 22e *Bulletin trimestriel de la Conférence des bâtonniers*, avril 1942.
2. Cf. *Sirey*, lois annotées, 1942, p. 958. *La Semaine juridique*, 1942, 2, n° 300.
3. Bâtonnier Payen, *Le Nouveau Statut du Barreau, op. cit.*, p. 12.
4. Bâtonnier Planty, « Les Avocats en Justice de paix », *ibid.*, p. 25.

imposé aux médecins juifs (11 août 1941). Il allait ensuite être étendu à d'autres professions[1]. La loi du 22 juillet 1941, la plus importante de toutes les mesures antijuives prises jusqu'alors par le gouvernement français, visait à « aryaniser » les entreprises et les biens juifs. Elle complétait l'interdiction faite aux Juifs d'exercer les nombreuses professions déjà visées à l'article 5 de la loi du 2 juin 1941, notamment dans le domaine de la banque, de l'immobilier, de la presse, de la publicité, des spectacles, etc. Cette fois, par une disposition générale prise « en vue d'éliminer toute influence juive dans l'économie nationale[2] », le commissaire général aux Questions juives recevait pouvoir de nommer un administrateur provisoire « aryen » à la tête de toute entreprise ou de tous biens lorsque leurs propriétaires ou dirigeants – ou certains d'entre eux – étaient juifs (art. 1). Cet administrateur provisoire pouvait liquider ces biens s'il le jugeait utile pour l'économie française, ou les faire vendre à un non-juif. Le produit de ces cessions forcées était versé, après prélèvement de 10 % au profit du C.G.Q.J., à un compte bloqué à la Caisse des dépôts et consignations, dont les Juifs n'avaient pas la libre disposition. Seuls échappaient à ces mesures l'habitation et les meubles personnels.

Cette loi fut longuement préparée et discutée en Conseil des ministres[3]. Elle était applicable dans toute

1. *J.O.* du 6 septembre 1941. Viendront ensuite les architectes (24 septembre 1941), les pharmaciens et les sages-femmes (26 décembre 1941), les acteurs (6 juin 1942). Cf. *Les Juifs sous l'Occupation. Recueil de textes officiels, op. cit.*

2. Art. 1, loi du 22 juillet 1941, *J.O.* du 26 août 1941, p. 3594.

3. Cf. J. Barthélemy : « Je m'exprimai avec ma sincérité un peu brutale : "Il n'y a pas une heure que j'ai pris connaissance de ce

la France, au premier chef en zone libre puisque, en zone occupée, les ordonnances allemandes avaient déjà placé sous administration provisoire et entrepris de liquider les biens juifs, interdisant en fait toute activité économique aux Juifs. Cette loi permettait une spoliation complète des Juifs de France et faisait du commissaire général aux Questions juives le maître de leur patrimoine[1].

Il était d'ailleurs significatif que la loi du 2 juin 1941 sur le recensement obligatoire de tous les Juifs français et étrangers exigeât qu'en zone libre comme en zone occupée, en même temps qu'ils se déclaraient tels à la préfecture de leur domicile, les Juifs fournissent l'état de leur patrimoine. Il ne suffisait pas de les

---

texte et je suis encore sous le coup de l'indignation que j'ai éprouvée à sa lecture" [*suit le récit de son intervention*]. J'avais été écouté dans un silence pénible. Le Maréchal le rompit pour me dire : "Je vous remercie d'avoir parlé avec cette droiture, cette sincérité, cette loyauté (...)." À ce moment, d'un geste de son crayon, Darlan indiqua que la signature était renvoyée à une date ultérieure. Trois membres du gouvernement (...) vinrent à mon fauteuil (...). Ils promirent des retouches. Quelques jours après, ils revinrent à la charge, m'apportant une rédaction nouvelle : on me donnait satisfaction pour neuf de mes réclamations sur douze que j'avais formulées. Je finis par signer afin de conserver mon droit de surveillance et de frein. » *Op. cit.*, pp. 313-314.

1. Dans une lettre du 7 juillet 1941 à Darlan, Xavier Vallat se défendit contre cette accusation : « Ce texte me permet de désigner un administrateur provisoire à tout bien juif, sauf aux obligations et aux valeurs d'État. Cela veut-il dire que je songe à une spoliation générale des Juifs, comme certains le craignent ? Pas le moins du monde. » Cité *in* Billig, *op. cit.*, t. I, p. 171. Sur l'ensemble de la question, cf. Billig, *op. cit.*, pp. 167-198, et Henry Rousso, « L'aryanisation économique. Vichy, l'occupant et la spoliation des Juifs », *Yod, revue des études modernes et contemporaines hébraïques et juives,* 15-16, 1982, pp. 51-79.

mettre au ban de la Nation. Il fallait aussi s'approprier leurs biens et les ficher comme autant de suspects[1].

En dressant la liste des professions qui leur étaient interdites, en y ajoutant celles régies par un *numerus clausus* qui barrait aussi à leurs enfants l'accès à l'Université, le destin que l'antisémitisme d'État « à la française » forgeait aux Juifs de France était bien le retour à la condition d'exclusion, d'humiliation et de misère qui avait été la leur sous l'Ancien Régime. Les droits des Juifs avaient disparu avec la République, confondus dans la même exécration par la droite maurrassienne qui triomphait à Vichy.

Les premières arrestations

En zone occupée, les Allemands ne cessaient de durcir leur attitude envers les Juifs. Déjà, le 14 mai 1941, la Préfecture de Police, sur ordre des autorités d'occupation, avait fait convoquer individuellement dans les commissariats plus de 3 700 Juifs étrangers qui avaient été arrêtés et envoyés dans les camps de Pithiviers et Beaune-la-Rolande. Après l'invasion de l'Union soviétique et les premières actions de résistance des communistes, de nouvelles mesures furent prises contre les Juifs. Le 13 août 1941, les Allemands ordonnèrent la confiscation de tous les postes de radio détenus par eux. Puis on leur retira leurs bicyclettes.

1. Cf. *Le Fichier juif*, rapport de la commission présidée par René Rémond, Plon, 1996. Cf. Léon Werth : « Je fis ma déclaration à la Préfecture. Je lançai le mot "Juif" comme si j'allais chanter la *Marseillaise* », *op. cit.*, p. 226. Cf. également Baudry et Ambre, *op. cit.*, p. 49.

Le 19 août, deux communistes, dont un Juif, arrêtés lors des manifestations du 13 août au métro Strasbourg-Saint-Denis, furent fusillés. Le 20 août commença une vague massive d'arrestations de Juifs dans le XIe arrondissement entièrement cerné par 2 400 policiers français encadrés par des Allemands. Les arrestations se poursuivirent jusqu'au 23 août dans divers arrondissements de Paris. Au total, 4 232 Juifs furent arrêtés, dont environ 1 500 Juifs français. Parmi eux figuraient 42 avocats[1].

« Le 21 août 1941, écrit le bâtonnier Charpentier, l'orage éclata. J'étais ce jour-là à Vichy. On me prévint qu'une quarantaine de mes confrères venaient d'être arrêtés sur injonction des Allemands, mais par la police française, sans avoir commis d'autre crime que d'être Juifs. Je revins précipitamment. Déjà nos confrères, amenés à la Préfecture de police, avaient reçu la visite de M. Nolleau, membre du Conseil, qui, non sans risques, avait prévenu leurs familles (...). Dès mon arrivée, j'engageai, par l'intermédiaire de la délégation française en zone occupée, des démarches condamnées d'avance à l'insuccès. Je les fis appuyer auprès du Maréchal, qui ne fut pas plus heureux. Déjà nos confrères avaient été transférés à Drancy[2]. »

---

1. Il s'agissait de 40 avocats à la Cour d'appel et de 2 avocats au Conseil d'État et à la Cour de Cassation. « Cette opération antijuive, écrit le Préfet Ingrand, le 21 août, au ministre de l'Intérieur Pucheu, atteint 200 intellectuels (notamment avocats à la Cour d'appel ou au Conseil d'État) considérés comme ayant une part importante de responsabilité dans la campagne de sabotage actuellement entreprise », in Serge Klarsfeld, *Vichy-Auschwitz, le rôle de Vichy dans la solution finale de la question juive en France*, Fayard, t. I, 1985, pp. 25-26.

2. Jacques Charpentier, *op. cit.*, p. 154.

Au barreau de Paris, la nouvelle de ces arrestations retentit « comme un coup de tonnerre[1] ». Ainsi la qualité d'avocat, loin d'être une protection, transformait son titulaire en cible pour les Allemands. Pour les avocats juifs, c'était bien la fin des illusions dans lesquelles ils s'étaient complu : une longue ascendance française, l'éclat des services rendus à la Patrie, une grande réputation professionnelle, aucune de ces distinctions, dont certains tiraient un si vif orgueil, ne différenciait, à l'heure des rafles, les notables israélites français des Juifs étrangers ou apatrides que la police française avait arrêtés en mai 1941 et internés dans les camps de Pithiviers et Beaune-la-Rolande. Le Préfet Ingrand ne s'y trompait pas quand il évoquait « une opération d'envergure posant sur le plan gouvernemental d'importantes questions de principes. Pour la première fois, en effet, les autorités allemandes ont ordonné l'arrestation collective par la police française de Juifs français[2] ». La décision de procéder à ces arrestations de personnalités juives françaises avait été prise au plus haut niveau. Au siège de la Kommandantur où il s'était rendu pour obtenir des explications, il fut répondu à Ingrand que « ces mesures antijuives avaient été décidées par le général von Stülpnagel, exécutées par la Kommandantur de Paris avec l'aide de la Préfecture de police[3] ».

---

1. Cf. Bâtonnier Marcel Poignard, « Discours à la mémoire des avocats à la Cour de Paris morts pour la France », 11 juillet 1946, Paris, Imprimerie du Palais, p. 22.
2. Cf. S. Klarsfeld, *op. cit.*, p. 25.
3. Le général von Stülpnagel était le commandant en chef des forces allemandes en France. Ingrand ajoutait : « Contrairement à ce qui avait été indiqué par le Cabinet du préfet de police, ce n'est

L'opération visant des avocats juifs s'inscrivait au demeurant dans une politique constamment suivie par les nazis. Il faut rappeler l'importance que revêtait dans le IIIe Reich la consécration d'un droit nouveau, national-socialiste, en rupture avec la tradition du positivisme juridique allemand et libéré de toute « influence juive[1] ». Lors d'un colloque organisé en 1934 par le groupe des universitaires de « l'Union national-socialiste des gardiens du droit », ayant pour thème « La science du droit en lutte contre l'esprit juif », Carl Schmitt, un des maîtres de la doctrine juridique allemande, avait déclaré : « Nous devons libérer l'esprit allemand de toutes les falsifications juives (...). Durant presque un siècle, des milliers de jeunes Allemands destinés à devenir juges et avocats sont passés par l'école des juristes juifs (...), les revues juridiques influentes étaient dominées par eux, de sorte qu'il leur était possible de faire des idées typiquement juives la seule pensée véritablement scientifique... » Il avait salué « la libération que signifie la victoire du national-socialisme pour l'esprit juridique allemand et pour la science juridique allemande[2] ». Le national-

donc pas le lieutenant Dannecker (de la Gestapo) qui a ordonné ces arrestations. » *Ibid.*

1. Cf., sur ce sujet, l'article d'Olivier Jouanjean, « La doctrine juridique allemande, rénovation du droit et positivisme dans le Troisième Reich », in *Le Droit antisémite de Vichy, op. cit.*, pp. 462-496. Cf. également Marc Knobel, « L'élimination des juristes juifs en Europe à partir de 1933 », *Cahiers Bernard Lazare,* 1990, n°s 125-126, p. 139 et suivantes.

2. Cité in Olivier Jouanjean, *op. cit.*, p. 467. Cf., à la même conférence, la déclaration du Dr Frank, ministre chargé des Problèmes juridiques : « Le Droit allemand a été corrompu au plus haut point par les idées et les formes issues de la Révolution française (...) et se trouvait exposé par une telle émancipation à la

socialisme entendait substituer à la science « juive » du droit une science « allemande » du droit, expression juridique de l'idéologie nazie. Or celle-ci refusait absolument la conception libérale classique du rôle et du statut de l'avocat. Lors de son congrès de 1935, l'Union des Juristes allemands nationaux-socialistes avait conclu : « La théorie national-socialiste rejette avec vigueur la vieille théorie judéo-libérale qui considère avant tout l'avocat comme le défenseur d'une cause individuelle (...). C'est le bien du corps social, du peuple, qu'il faut envisager avant tout. Les individualités n'ont qu'une valeur accessoire. L'avocat national-socialiste est avant tout l'avocat du Droit (avec un grand D) (...). L'avocat qui ne tiendrait pas compte de ce précepte n'est pas digne d'être avocat et sera rejeté du Barreau[1]. »

En regard d'une telle idéologie totalitaire et raciste, on conçoit dans quelle suspicion les nazis tenaient les avocats dans les pays occupés. Le Dr Zeitschel, conseiller en charge des questions juives à l'ambassade d'Allemagne à Paris, écrivit en 1942 : « Les plus néfastes agitateurs juifs se trouvent être, dans tous les pays d'Europe, particulièrement parmi les avocats[2]. »

Qu'il y eût encore, dans Paris occupé, des avocats juifs plaidant au Palais de Justice, apparaissait insupportable aux autorités allemandes. Le 26 avril 1941, le

---

vague d'assaut du rabbinat des professeurs ès justice néo-judaïques », in Knobel, *op. cit.*, p. 141.

1. Cf. « La mission de l'avocat d'après les théories du Parti national-socialiste », in *Juger*, n°s 6-7, *op. cit.*, p. 52. Une ordonnance allemande du 27 septembre 1938 interdit à tout Juif d'être avocat.

2. Cf. Serge Klarsfeld, *L'Étoile des Juifs*, Éd. de L'Archipel, 1992, p. 10.

chef de l'administration militaire allemande en France écrivit sèchement au garde des Sceaux : « Je vous prie de me faire savoir quelles mesures ont été prises pour faire cesser l'activité des avocats juifs dans la zone occupée[1]. » Les services du ministère lui répondirent, le 28 mai 1941, que « la Chancellerie se trouve dessaisie de la question des avocats juifs depuis la création du C.G.Q.J. (...). Toutefois, un projet de décret relatif à cette question est actuellement soumis à l'examen du Conseil d'État[2] ».

Cette hostilité particulière vouée aux avocats juifs par les nazis explique pourquoi, au mois d'août 1941, ils furent si nombreux à être désignés à la police française parmi les Juifs français à arrêter. En même temps qu'elles faisaient procéder à des rafles de Juifs en majorité étrangers dans les quartiers populaires de Paris, les autorités allemandes entendaient montrer que, dorénavant, les notables israélites français, et notamment les avocats, seraient traités comme les autres Juifs.

Les avocats juifs à Drancy

Comme les milliers d'autres Juifs arrêtés du 20 au 23 août 1941, les avocats furent aussitôt internés au camp de Drancy. Yves Jouffa, futur président de la Ligue des droits de l'homme, à l'époque âgé de vingt ans, témoigne de leur arrivée au camp :

1. Arch. ministère de la Justice.
2. *Ibid.* L'administration allemande ne devait d'ailleurs jamais cesser de prêter une vive attention au sort des avocats juifs et à la mise en œuvre de la législation de Vichy les concernant.

« Je fus arrêté par deux policiers français, à mon domicile, le 20 août 1941, et je fis l'"ouverture" du camp de Drancy. Le lendemain 21 août, une cinquantaine d'avocats parisiens – quelques-uns très célèbres : Pierre Masse, Gaston Crémieux, Théodore Valensi – arrivèrent au camp. Ils firent l'objet d'une ovation de la part des internés, composés en grande majorité d'ouvriers et petits artisans du XIe arrondissement, tailleurs, casquettiers, maroquiniers, etc.[1]. »

Le camp, improvisé, était composé de vastes bâtiments de ciment armé destinés à des habitations sociales restées inachevées en 1939. Les locaux avaient d'abord été utilisés par le gouvernement français pour y détenir des communistes, ensuite par les Allemands pour y héberger des prisonniers de guerre français, puis des civils grecs et yougoslaves. En août 1941, les bâtiments étaient vacants et rien n'avait été préparé pour y accueillir des milliers d'internés. Le camp était placé sous administration des autorités françaises et gardé par des gendarmes français[2]. Les témoignages abondent sur ce que furent les conditions de vie misérables à Drancy durant les premières semaines d'organisation du camp. Dans ses notes, André Baur, président de l'Union générale des Israé-

1. Lettre adressée à l'auteur le 8 juin 1995, cf. annexe 11. Yves Jouffa, avocat au barreau de Paris, membre du Conseil de l'Ordre, ancien président de la Ligue des droits de l'homme, conseiller d'État, a été interné à Drancy à compter du 20 août 1941.

2. L'administration et la surveillance du camp relevaient de la Préfecture de police, direction des affaires départementales de la Police générale, et, pour le ravitaillement, le couchage et la surveillance médicale, de la préfecture de la Seine. Le régime administratif et les décisions de libération étaient du ressort des services allemands de Dannecker.

lites de France (zone nord), qui avait pu pénétrer dans le camp, écrit :

« Septembre 1941 : bâtiments inachevés, sauf le gros œuvre. Cloisons en plâtre, parfois percées. Inchauffable l'hiver. Les plus heureux ont des lits à deux étages en planches, certains un peu de paille, la majorité couche à même le ciment. La plupart, arrêtés sans rien, ont été plus de quinze jours sans couverture, linge ni savon. Les distributions de vêtements, les seules autorisées, se font au compte-gouttes. Les gendarmes retirent des colis les vivres et le tabac... »

Le 10 septembre 1941, il ajoute : « Les conditions de vie à Drancy sont déplorables : deux soupes par jour et 150 grammes de pain[1]. »

Un des avocats arrêtés le 21 août, Henri Blaustin, témoigne :

« Dès le premier jour, les gendarmes ont eu à l'égard des internés une attitude odieuse. Ils étaient animés, à l'égard des internés, de la même haine que les nazis. Nous étions tenus au secret, sans possibilité de correspondre avec nos familles et sans le droit de recevoir des colis de vivres. En effet, le premier supplice qui nous fut imposé par les Allemands fut celui de la famine organisée. Les gendarmes nous voyaient affaiblis et épuisés par ce régime. Et, cependant, ils nous obligeaient chaque jour, matin et soir, à descendre dans la cour pour des appels prolongés (...). Les gendarmes ajoutaient toutes sortes de brimades gro-

1. Cité in J. Bielinky, *Journal, 1940-1942, op. cit.*, annexe III, pp. 287, 288. André Baur, personnalité importante du judaïsme français, fut président de l'U.G.I.F zone nord ; il fut déporté en 1944 avec sa femme et ses enfants à Auschwitz d'où aucun ne revint.

tesques, comme nous obliger à raser les murs. Je me rappelle qu'un jour du mois d'octobre 1941, le capitaine Vieux, rencontrant dans la cour de Drancy mon confrère Claude Rosenthal, lui a demandé son nom. Mon confrère le lui a dit et a ajouté : "Avocat à la Cour de Paris et lieutenant dans l'armée française". Sur cette réponse, le capitaine Vieux l'a giflé violemment[1]. »

Le bâtonnier Charpentier fut autorisé à rendre visite à ses confrères à Drancy :

« Une carcasse de ciment armé construite par un architecte dément, des grillages comme au zoo, et, là-dedans, deux mille pauvres diables, pouilleux et apeurés, dont plus de la moitié ne savaient pas le français. Je demandai Pierre Masse. Pendant que je l'attendais devant une cloison où pendaient des nerfs de bœuf et des menottes, des hurlements éclatèrent et je vis passer un gendarme qui empoignait un détenu par la nuque et le rouait de coups. "Joli spectacle ! dis-je à Masse qui arrivait. – Oui, me répondit-il froidement, c'est ainsi tout le temps, on n'y prête plus d'attention... ; sans doute un voleur." Il me fit monter dans la chambre où étaient parqués nos confrères. Une salle de ciment, des cadres de bois où les dormeurs étaient superposés. La plupart n'avaient pas eu de paillasse. Il y avait parmi eux de grands malades, des mutilés de la guerre de 1914... Ils se pressaient autour de moi, chacun me racontant ses peines et me chargeant d'un

1. In S. Klarsfeld, *1941, les Juifs en France, prélude à la solution finale, op. cit.*, p. 66. Sur les conditions de vie terribles à Drancy, du 20 août au début de novembre 1941, voir J. Bielinky, *op. cit.*, pp. 291-302, annexe II. Claude Rosenthal fut déporté et ne revint pas.

message pour les siens. Tous reconnaissaient pour leur chef Pierre Masse qui promenait dans ces lieux d'horreur la même assurance tranquille qu'à la barre[1]... »

Le 5 septembre 1941 s'ouvrit à Paris, au Palais Berlitz, la grande exposition organisée par les services de propagande allemande sur le thème : « Le Juif et la France[2] ». Jusqu'au mois de janvier 1942, plusieurs centaines de milliers de visiteurs purent y voir tout ce que l'iconographie antisémite classique ou la propagande nazie pouvaient déployer pour susciter la haine et le mépris du Juif. L'emprise juive sur la France était le thème central de cette exposition. L'envahissement du Barreau parisien par les Juifs y était largement dénoncé. Sur une vaste affiche[3], au cœur de l'exposition, sous un grand titre : « LES PROTECTEURS DU CRIME », étaient reproduits les visages d'avocats juifs réputés avec, en gros plan, le plus célèbre d'entre eux, Henry Torrès, gloire du barreau d'avant-guerre, déchu de la nationalité française par le gouvernement de Vichy. Le commentaire était à l'unisson du ton général de l'exposition : « Les Juifs avaient transformé la noble profession d'avocat en un infâme commerce où on racolait des clients dans les prisons. Le défenseur de la veuve et de l'orphelin avait cédé la place au collaborateur de l'escroc et de l'assassin... »

---

1. Jacques Charpentier, *op. cit.*, p. 155.
2. L'exposition fut présentée sous les auspices de l'Institut d'études des questions juives, créé par des collaborateurs français à l'instigation de Dannecker. Selon ses organisateurs, elle reçut 383 000 visiteurs payants entre le 7 septembre et le 14 décembre 1941.
3. Cf. annexe 12, la reproduction de cette affiche.

Le 12 septembre 1941, alors que débutait l'exposition « Le Juif et la France », les deux quotidiens les plus lus de la presse parisienne, *Paris-Soir* et *Le Petit Parisien*, publièrent en première page, sur trois colonnes, un reportage sur les avocats juifs internés à Drancy. Les services de propagande allemande avaient ouvert le camp aux envoyés de ces journaux, qu'ils contrôlaient. Il s'agissait de présenter une version rassurante à l'opinion publique parisienne, parmi laquelle commençaient à circuler des informations alarmantes sur les conditions de vie au camp de Drancy. Ainsi *Le Petit Parisien* précisait-il : « Leur alimentation ? Par jour, 360 grammes de légumes frais, 275 grammes de pain, 10 grammes de matière grasse, et 90 grammes de viande par semaine. À midi, un peu de fromage et de fruits en plus[1]. » *Paris-Soir* s'émerveillait : « L'hygiène règne au camp. Dix-sept médecins juifs internés aussi ont été promus aux soins des malades, sous la surveillance générale du Dr Tisné, médecin-chef français qui a organisé deux infirmeries modèles. Tout est donc parfait (...), et personne ne souffre d'aucuns sévices. » Et de conclure : « Le sort des Juifs internés n'est pas plus tragique que celui de nos chers prisonniers. Avec cette différence que ceux-ci sont innocents, alors que les autres formaient la vaste armée des agitateurs et spéculateurs à la solde de l'étranger[2]. »

Ces articles donnaient largement la vedette aux avocats juifs internés à Drancy depuis le 21 août. La photographie de sept d'entre eux, prise dans la cour du

1. *Le Petit Parisien*, 12 septembre 1941.
2. *Paris-Soir*, 12 septembre 1941. Cf. annexe 13.

camp, fut publiée en première page de deux quotidiens. *Le Petit Parisien* titra : « 50 avocats du barreau de Paris se sont rencontrés au camp de concentration juif de Drancy[1]. » *Paris-Soir* annonça en très gros caractères : « Je les ai vus, ces Juifs millionnaires, ex-célébrités du Barreau parisien, internés dans un camp proche de notre capitale ! » Le journaliste[2], qui se voulait ironique, s'exclamait : « Mais que voyons-nous ? Ma parole, ce sont des huiles. Qui donc disait que seuls les Juifs miséreux faisaient les frais de l'opération ? Alignés là, devant nous, nous les reconnaissons. Ce sont les célébrités du Barreau enjuivé d'hier. » Et de conclure : « Tous égaux devant la répression, comme ils le furent jadis dans leurs besognes néfastes aux intérêts du pays, voilà la solution qui s'impose en attendant le règlement d'ensemble du problème juif[3]. »

À la lecture de ces articles apparaît le dessein politique qui avait présidé à l'arrestation des avocats juifs. Il s'agissait de montrer à tous – autorités de Vichy comprises – qu'étranger ou français, misérable ou célèbre, pas un Juif ne devait échapper au sort commun que les nazis lui avaient assigné. Compte tenu de la considération qui entourait la profession d'avocat, le choix d'avocats juifs, dont certains étaient célèbres dans le public, renforçait le message que la presse allait diffuser. Quant à Vichy, s'agissant de ces mêmes avocats

1. *Le Petit Parisien, ibid.*
2. André Chaumet, qui a signé cet article, était également l'auteur, avec H.R. Bellanger, d'un ouvrage intitulé *Les Juifs et nous*, Paris, Éditions Jean Renond. La présence des Juifs au Barreau y était déjà dénoncée, pp. 76-78.
3. *Paris-Soir*, 12 septembre 1941.

juifs, sa réaction ou ses démarches étaient par avance tenues pour nulles. Seule importait la collaboration de l'administration et des services de police français. En cet été de 1941, elle ne faisait pas défaut.

Les exécutions d'otages

À mesure que s'intensifiait la résistance de l'Armée rouge à l'invasion allemande, à Paris se succédaient attentats et exécutions d'otages, en majorité choisis parmi les communistes arrêtés[1]. Le 14 août 1941 furent créées par le gouvernement de Vichy les « Sections spéciales » des Cours d'appel, afin de tenter, par une répression française des terroristes, de limiter le nombre des exécutions d'otages. Le 27 août 1941, trois communistes sont condamnés à mort en application d'une loi rétroactive, et guillotinés le lendemain à la Santé. Parmi eux, un Juif polonais, Abraham Trzebucki[2]. Les affiches rouges placardées par les autorités allemandes sur les murs et dans le métro de Paris ne manquent jamais de désigner comme tels les Juifs parmi les fusillés[3]. Le 20 septembre, en riposte à l'assassinat d'un soldat allemand, douze otages sont fusillés. Parmi eux figurent trois avocats communistes, dont un Juif, Michel Rolnikas. Bizarrement, l'avis citant le nom des fusillés désigne deux

1. Selon les chiffres allemands, on compte 54 actions « terroristes » en juillet 1941, 73 en août, 134 en septembre et 62 en octobre (C.D.J.C. dossier LXXV).
2. J. Bielinky, *op. cit.*, p. 143.
3. Ainsi, le 17 septembre, sur les affiches rouges placardées à Paris, figure l'annonce : sur 10 fusillés, 5 Juifs.

d'entre eux, Georges Pitard et Antoine Hajje, comme « fonctionnaires », et Michel Rolnikas comme « Juif, de Paris, propagateur des idées communistes[1] ». Les mêmes autorités allemandes qui s'attachaient à faire savoir que des avocats juifs étaient arrêtés et envoyés à Drancy, comme tous les autres Juifs, jugeaient sans doute inopportun de souligner que, parmi les communistes fusillés figuraient des avocats, même juifs.

Antoine Hajje adressa de la prison de la Santé une lettre au bâtonnier, datée du 20 septembre 1941 à une heure et demie, l'avisant qu'avec ses confrères Pitard et Rolnikas, il venait d'être prévenu qu'ils seraient fusillés à l'aube : « Nous mourrons prématurément, écrit-il, mais c'est pour la France. Nous en sommes fiers. » Et il ajoutait : « En vous adressant ce mot, je dis adieu à une profession que j'ai aimée. J'aurai été, jusqu'à la fin, le défenseur de la dignité humaine et de la vérité[2]. »

Georges Pitard, lui, ne put écrire qu'à sa femme. Dans son ultime message, il lui dit : « Vois le bâtonnier. Je n'ai pas la possibilité de lui écrire. Dis-lui que je crois avoir honoré l'Ordre des avocats ; c'est une carrière que j'ai servie avec foi, souvent avec passion, et c'est en somme pour cela, pour l'avoir exercée jusqu'au bout, sans défaillance, que s'entrouvrent devant moi, en cette nuit tragique, les espaces infinis[3]. »

Plus laconique, Michel Rolnikas se borna à écrire à sa femme : « On vient de nous annoncer à la prison de la Santé, où nous exercions naguère notre profession,

1. *Paris-Midi*, 20 septembre 1941 ; cf. annexe 14.
2. Archives de l'Ordre des avocats. Cité in Jacques Charpentier, *op. cit.*, p. 158.
3. *In* Jacques Charpentier, *ibid.*

que nous allions être exécutés demain matin comme otages. Je ne me répandrai pas en dissertations philosophiques et raciales sur cette décision. Tu connais ma vie, tu sais ce qui la remplissait. J'espère mourir aussi courageusement que j'ai vécu[1] ».

Le bâtonnier Charpentier décrit, à la lecture qu'il donna de ces lettres au Conseil de l'Ordre, ses membres « debout, les mains crispées sur le bord de la table et s'efforçant de dissimuler sous des traits impassibles leurs visages décomposés.[2] »

Au long de ces années d'épreuves et de mort, d'autres lettres parviendront au bâtonnier, les unes de prisons, les autres de camps de concentration. Que ces avocats, parmi lesquels de nombreux Juifs, aient tenu, au moment ultime, à exprimer leur amour de leur profession, constitue l'hommage le plus précieux qui puisse lui être rendu.

Le plus éloquent vint de Pierre Masse. En décembre 1941, le commandement militaire allemand décida de répondre à de nouveaux attentats par des mesures de représailles plus dures encore, en premier lieu contre les Juifs et les communistes. Le 13 décembre, 743 Juifs, pour la plupart français, appartenant à des milieux aisés – industriels, médecins, avocats –, furent arrêtés par la police allemande. Trois cents internés à Drancy furent extraits du camp et amenés à l'École militaire. Pierre Masse se trouvait parmi eux. Pensant qu'il allait être fusillé, il écrivit deux lettres, l'une à sa femme, l'autre au bâtonnier Charpentier :

---

1. Cité in Serge Klarsfeld, *1941, les Juifs en France, op. cit.*, p. 76.

2. Jacques Charpentier, *op. cit.*, p. 159.

« Monsieur le Bâtonnier,

« Je suis appelé. Je vais probablement mourir. Je suis venu ici comme avocat. Je mourrai, j'espère dignement, pour ma Patrie, ma Foi et mon Ordre.

« Dites à mes confrères que je les remercie des honneurs qui ont accompagné ma vie professionnelle. J'en emporte une juste fierté.

« Je vous recommande mon fils.

« Je finirai en soldat de la France et du Droit que j'ai toujours été.

« Bien vôtre, en toute amitié et en déférent respect.

Pierre MASSE[1] »

En fait, Pierre Masse fut transféré au camp de Compiègne avec quelques autres de ses confrères. Le maréchal Pétain fit demander sa libération aux autorités allemandes. Dans une note du 30 mars 1942, le conseiller d'ambassade Zeitschel déclara qu'il ne fallait pas se contenter de repousser énergiquement toute requête le concernant, mais encore faire part aux Français de la stupeur allemande devant une requête « en faveur d'un fauteur de guerre et d'un ennemi de l'Allemagne et de la France nouvelle[2] ». Pierre Masse fut déporté de Drancy à Auschwitz le 30 septembre 1942, et ne revint pas.

Le 15 décembre 1941 au matin, soixante-dix détenus furent fusillés au Mont-Valérien. Parmi eux, cinquante-sept Juifs, pour la plupart étrangers, présentés sur l'affiche rouge comme « éléments judéo-bolcheviques[3] ».

Parmi les avocats arrêtés le 21 août 1941 figurait une autre personnalité du Palais, Jacques Frank. Lui

1. *In* Serge Klarsfeld, *1941, les Juifs en France, op. cit.*, p. 88.
2. Cf. Joseph Barthélemy, *op. cit.*, p. 590.
3. C.D.J.C., CCXXXI-18.

aussi incarnait l'Israélite français conforme au modèle transmis par des générations successives de Juifs français, républicains, intellectuels et patriotes. Gravement blessé pendant la Première Guerre mondiale, qualifié dans une citation signée du général Pétain de « jeune officier d'une bravoure exceptionnelle », chevalier de la Légion d'honneur à titre militaire, il avait été secrétaire de la Conférence. Respecté par tous au Barreau, il menait paisiblement une heureuse carrière. Arrêté par des policiers français, il avait été interné à Drancy. Lorsque les Allemands décidèrent de libérer les plus malades des internés, Frank fut du lot. Il revint chez lui. Ses amis le pressaient de partir en zone libre, de crainte qu'il ne fût de nouveau arrêté. Mais il n'acceptait pas de « fuir », comme il disait. Le 18 janvier 1942 au matin, Jacques Frank, désespéré, se suicida. « Ce n'est rien, c'est un Juif qui s'est jeté par la fenêtre », dit aux passants un représentant de la police venue ramasser le corps[1]. À son enterrement, nombreux furent les avocats. Chacun pouvait mesurer à cet exemple ce que signifiaient les lois d'exclusion pour ceux qui les subissaient. Comme pour Masse, l'émotion fut grande au Palais. Mais ne s'attachait-elle pas d'abord – sinon exclusivement – au sort de ces avocats juifs que rien ne distinguait de leurs confrères les plus considérés, si ce n'est précisément qu'ils étaient juifs ?

1. Cité in *Jacques Frank*, notice du bâtonnier Maurice Allehaut, *Bulletin de l'Association amicale des secrétaires et anciens secrétaires de la Conférence des avocats*, t. 49, Paris, 1954, p. 234.

CHAPITRE V

La sélection

Une singulière démarche

L'automne 1941 était venu. Les Allemands, vainqueurs de tant de batailles, n'avaient pas remporté la victoire toujours promise, jamais acquise. La Wehrmacht assiégeait Leningrad et atteignait les premiers faubourgs de Moscou ; mais l'Armée rouge durcissait sa résistance et le terrible hiver russe approchait.

Dans les territoires occupés, le mythe de l'invincibilité nazie s'effondrait. En France, le nombre des attentats croissait tandis que les autorités allemandes renforçaient leur répression. À Paris, le ravitaillement devenait plus difficile, le combustible plus rare à la veille du second hiver de l'Occupation. Au camp de Drancy, toujours administré par les autorités préfectorales et gardé par des gendarmes français, régnaient la faim et le froid dans les bâtiments inachevés, sans chauffage. Du 20 octobre au 5 novembre 1941 se produisirent une trentaine de décès dus à la malnutrition et aux conditions médicales déplorables[1]. À partir du 1er novembre, les familles obtinrent enfin l'autorisa-

1. Cf. J. Bielinky, *Journal, op. cit.*, p. 162, note 108.

tion de faire parvenir des colis aux internés par l'intermédiaire de la Croix-Rouge[1].

Le sort des avocats juifs internés à Drancy depuis le 21 août angoissait leurs proches et préoccupait leurs amis. La réputation professionnelle, les titres militaires de certains d'entre eux suscitaient l'émotion, devant le sort qui leur était fait. Même certains confrères qui ne dissimulaient pas leur antisémitisme déploraient l'arrestation d'avocats tels que Pierre Masse. Qu'on internât dans des camps les Juifs étrangers leur paraissait normal, voire souhaitable ; mais qu'on y jetât des avocats de vieille souche française, glorieux anciens combattants, aux vertus professionnelles reconnues, voilà qui passait les bornes de l'antisémitisme « à la française » dont ils se réclamaient. De surcroît, de telles mesures risquaient d'engendrer au Palais des réactions négatives contre la politique antijuive du gouvernement. Il fallait y veiller.

Le 5 octobre 1941, le conseiller juridique de l'ambassade d'Allemagne, le Dr von Bose, adressa une note au conseiller Zeitschel, en charge des affaires juives à l'Ambassade. Il y faisait état d'une démarche effectuée auprès de lui par trois avocats du barreau de Paris[2]. « Ils m'ont demandé, écrivait-il, de faire libérer les avocats [juifs] dont les noms suivent, dans l'intérêt même du mouvement antisémite parmi les avocats français, ainsi que dans leur propre intérêt – à eux, demandeurs – pour leur activité en vue d'une collabo-

1. Cf. Noël Calef, *Drancy 1941, camp de représailles, Drancy la faim*, édité et présenté par S. Klarsfeld, F.F.D.J., Paris, 1991, pp. 243 et suiv.

2. Le Dr von Bose détaillait dans sa lettre la situation importante au Barreau de ses trois visiteurs, nommément désignés.

ration franco-allemande. Ils ont fait remarquer qu'il existe, parmi les avocats juifs, un grand nombre d'éléments indésirables qui sont libres (...), tandis que les avocats juifs désignés par eux seraient des gens particulièrement dignes d'attention. Leur arrestation aurait, soit causé de la pitié chez une partie de leurs confrères antisémites, soit élevé des doutes dans la conviction d'un nettoiement radical[1]... » Suivait la liste de six noms d'avocats juifs internés à Drancy.

Que des avocats antisémites tentent d'obtenir la libération de confrères juifs avec lesquels ils entretenaient probablement des relations personnelles, et qu'ils motivent leur demande par des considérations politiques de nature à impressionner leurs interlocuteurs allemands, il n'y a là rien d'extraordinaire dans les circonstances de l'époque. Mais, pour obtenir l'appui de l'ambassade d'Allemagne, ces trois avocats allèrent plus loin dans leur démarche. Ils firent remarquer que « le Juif *X*..., élément indésirable parmi les avocats et dont la femme serait une agitatrice communiste, aurait obtenu sa libération du camp après quelques jours d'arrestation ». Pis encore, d'après von Bose, « ils promettaient en outre de fournir une liste complète des avocats juifs dont plusieurs ne seraient pas indiqués sur nos listes ». Convaincu par ses visiteurs, le Dr von Bose écrivait en conclusion au conseiller Zeitschel : « Je vous prie d'examiner ces propositions que j'appuie (...). Par contre, un grand nombre d'avocats juifs, qui ne méritent aucun ménagement, peuvent être arrêtés[2]. »

1. C.D.J.C., CVI. 138.
2. *Ibid.* (Souligné par nous.)

Le lendemain 6 octobre, le Dr Zeitschel adresse à la Gestapo, à l'attention du lieutenant Dannecker, la note du Dr von Bose en ajoutant : « Après examen de la liste complète des avocats juifs, un des avocats liés particulièrement à M. von Bose aurait signalé sur cette liste les noms des avocats juifs les plus indésirables, en sorte que ceux-ci pourront être arrêtés et, en guise de compensation, on pourrait libérer les six avocats désignés par M. von Bose. » Le Dr Zeitschel précise : « Une telle action susciterait une réaction favorable parmi tous les avocats français[1]. »

Insensible à cette argumentation, le lieutenant Dannecker s'opposa aux libérations demandées ; il était favorable à toute arrestation de Juifs, qu'ils fussent ou non avocats, mais irréductiblement hostile à tout élargissement.

Cependant, au vu de l'état inquiétant de nombreux internés juifs à Drancy, les médecins français de la Préfecture de police réclamèrent et obtinrent une visite des médecins militaires allemands. Au début de novembre 1941, devant la situation sanitaire du camp et les menaces d'épidémie, la Kommandantur fit libérer sept cent cinquante détenus[2]. Le 4 novembre, le Dr von Bose écrivit à nouveau au conseiller Zeitschel : « Je viens d'apprendre, par l'entremise de l'ancien ministre Cathala, que les trois avocats suivants, sur les six désignés, ont été libérés à la suite d'autres interventions (...). En outre, ont été libérés [suivent les noms de sept avocats et d'un huissier]. » Et le Dr von Bose, irrité, d'ajouter : « Ces mises en liberté, excepté

1. *Ibid.*
2. C.D.J.C., CCXXI-18.

les trois premiers noms, me sont incompréhensibles. Si j'avais transmis l'intervention avec mon appui, c'était pour la raison qu'il y a un intérêt politique à apporter notre aide au petit cercle de collaborateurs honnêtes, avec l'ancien ministre Cathala à leur tête (...). Actuellement, ils courent le danger de se ridiculiser. Un certain traitement particulier temporaire de quelques anciens combattants juifs fait davantage de propagande pour l'exclusion de l'influence juive que le traitement sans distinction[1]. »

Le 17 novembre, le Dr Zeitschel transmet à Dannecker la nouvelle note du Dr von Bose. Il critique « l'attitude inexplicable de la Kommandantur de Paris ». Il propose de faire libérer un des avocats juifs désignés par le Dr von Bose et demande en contrepartie l'arrestation d'un avocat juif libéré et de sa femme, dénoncée par les interlocuteurs du Dr von Bose comme agitatrice communiste. Et il ajoute : « Les autres avocats [libérés], excepté deux mentionnés sous 1-3, sont également à arrêter immédiatement (...). De cette façon, on pourrait produire une opinion favorable auprès des Français et compter sur leur collaboration, au moins en ce qui concerne les avocats, lors de nouvelles arrestations et internements. Il serait peut-être à recommander de faire arrêter, à la même occasion, encore quelques avocats juifs[2]. »

Certains avocats juifs libérés furent ainsi arrêtés de nouveau. Vingt et un des avocats qui avaient été arrêtés le 21 août 1941 furent déportés et ne revinrent pas[3].

1. C.D.J.C., VI-139.4. (Souligné par nous.)
2. C.D.J.C., VI-139.3.
3. Cf. Serge Klarsfeld, *Vichy-Auschwitz*, *op. cit.*, p. 26.

Au Palais de Justice

Tandis que le sort des avocats internés à Drancy faisait l'objet de ces tractations, la mise en œuvre de la législation antisémite de Vichy se déroulait au sein des Palais de justice. Pour la détermination du *numerus clausus*, le législateur avait prévu une procédure compliquée[1]. Ce qui ajoutait encore à cette complexité, c'est que certains avocats juifs de zone occupée s'étaient réfugiés en zone libre et inscrits sur place dans d'autres barreaux. De surcroît, l'établissement des titres militaires, notamment des citations donnant droit à la Croix de guerre 1939-40, n'était pas achevé. Enfin, même sous la menace des peines d'emprisonnement encourues, des avocats juifs avaient choisi de ne faire aucune déclaration[2].

Les opérations de recensement et l'élaboration des listes durèrent donc plus longtemps que prévu par le décret du 16 juillet 1941. Les autorités allemandes et les antisémites français s'impatientaient de voir que, plusieurs mois après la publication du statut des Juifs du 2 juin 1941, certains avocats juifs continuaient à exercer leur profession et à se rendre au Palais.

En décembre 1941, à Paris, les listes requises étaient enfin achevées par le Parquet général et adressées à la Cour d'appel. Le 29, l'assemblée générale de la Cour se réunit en « audience solennelle » pour pro-

1. Cf. *supra*, pp. 113-115.

2. Certains seront cependant recensés d'office comme juifs, comme le montre le cas de Joë Nordmann, qui joua un rôle-clef dans la Résistance judiciaire. Cf. ses mémoires, rédigés avec Anne Brunel, *Aux Vents de l'histoire*, Actes Sud, 1996, notamment p. 109.

céder en premier lieu à la désignation des avocats juifs maintenus en priorité au Barreau. L'audience se déroula à huis clos. L'Agence française d'information de presse (A.F.I.P) n'en diffusa pas moins, le soir même, une dépêche contenant des renseignements précis sur la décision prise, qui n'était pas encore rendue publique :

« Le barreau parisien est composé d'environ 1 700 avocats inscrits et 500 stagiaires, soit au total 2 200 avocats sur lesquels il y a 355 Juifs (...). Le Conseil de l'Ordre a proposé le maintien au Tableau de quarante-six anciens combattants et deux avocates pouvant bénéficier de cette qualité par assimilation [*sic*]. De plus, cinq Juifs sont proposés comme ayant des titres exceptionnels. Il n'y aura donc plus, à Paris, qu'une cinquantaine d'avocats juifs au lieu de 355[1]. »

Le 30 décembre, la presse quotidienne reprend les termes de la dépêche de l'A.F.I.P. Sous le titre : « Les avocats juifs du barreau de Paris », *Le Petit Parisien* fait savoir à ses lecteurs : « Sur 355, 50 vont être maintenus. Le décret du 16 juillet 1941 a réglementé, en ce qui concerne les Juifs, la profession d'avocat (...). Ce décret n'avait pas encore reçu application à Paris. Il fallait en effet que le Conseil de l'Ordre établisse la liste des Juifs et leur situation à l'égard de la question de priorité des anciens combattants et victimes de guerre. Ce travail ayant été terminé il y a quelques semaines, il a été mis à la disposition de la Cour d'appel de Paris pour que celle-ci statue. Et la Cour vient

1. Dépêche de l'A.F.I.P n° 9914, 29 décembre 1941, A.N. 72 AJ 1825. Selon une lettre de Xavier Vallat du 16 janvier 1942 aux autorités allemandes, on comptait dans le ressort de la Cour d'appel de Paris 305 avocats juifs (C.D.J.C., CXCV-18).

de se réunir en assemblée générale dans le plus strict des huis-clos pour en délibérer. » Le journal poursuit : « Il y a environ 2 000 avocats inscrits au Tableau, et 500 avocats stagiaires, ce qui fait ressortir à 44 le nombre des avocats juifs pouvant être conservés. Or, ils étaient 355 ! Parmi eux, il y a 46 anciens combattants, plus deux femmes qui peuvent se prévaloir du texte[1]... » *Le Matin* est plus agressif. Il titre : « Encore cinquante avocats juifs au barreau de Paris ! Est-ce ainsi qu'on espère se débarrasser de certains parasites ? » Après avoir rappelé qu'il s'agissait là d'anciens combattants, le journal ajoute : « De plus, quelques vieux avocats juifs avaient été proposés par le Conseil de l'Ordre pour être maintenus en raison de services exceptionnels. Voilà donc 55 Juifs qui pourront continuer à s'occuper des affaires de leurs clients aryens[2]... »

L'arrêt de la Cour d'appel de Paris fut rendu le 2 janvier 1942[3]. Il maintenait par priorité quarante-huit avocats juifs du barreau de Paris au titre des exceptions prévues par l'article 3 de la loi du 2 juin 1941 en faveur des anciens combattants et des victimes de guerre[4] ; vingt avocats juifs, prisonniers de guerre, étaient maintenus à titre provisoire, afin qu'il fût statué sur leur cas après leur libération[5] ; une avo-

1. *Le Petit Parisien*, 30 décembre 1941.
2. *Le Matin*, 31 décembre 1941.
3. C.D.J.C., CVIII-7.
4. Parmi eux figuraient six avocats internés à Drancy depuis le 21 août 1941. Cf. *Le Figaro* du 31 décembre 1941.
5. Par suite d'une erreur matérielle, les avocats prisonniers du barreau de Paris étaient indiqués comme membres du barreau de Corbeil. Cf. note du 14 mars 1942, Direction des Affaires civiles, Archives de la Chancellerie.

cate juive dont le fils était tombé au combat le 10 mai 1940 était maintenue, mais à titre provisoire tant que le décès de son enfant ne serait pas officiellement établi. Pour les autres avocats juifs figurant sur les états dressés par le Conseil de l'Ordre et le Parquet général, l'arrêt stipulait : « Quant aux avocats juifs inscrits au Barreau ou en stage qui devront cesser l'exercice de leur profession, il sera statué après que les Conseils de l'Ordre des barreaux auront remis leur avis motivé sur chacun des cas individuels[1]. »

Le Conseil de l'Ordre se réunit en conséquence le 6 janvier 1942. Le journal *Paris-Soir* put annoncer en gros titre à la « une » : « À Paris, 246 avocats juifs cessent de plaider aujourd'hui. Et voici quelques rescapés... » L'article précisait : « Depuis 14 heures, le Conseil de l'Ordre du barreau parisien est réuni pour recevoir communication de l'arrêt de la Cour d'appel qui a prononcé l'"omission" des avocats israélites inscrits au barreau de Paris (...). Par ailleurs, le Conseil de l'Ordre, par le décret du 17 juillet 1941, a le droit de présenter au garde des Sceaux un certain nombre de candidatures supplémentaires. Il propose notamment, cet après-midi, de maintenir MM. Eugène Crémieux, Marcel Bloch, Lucienne Scheid, Albert Montel. Participent à cette réunion : le bâtonnier Charpentier, qui préside, MM. Alcide Delmont, Pierre Cathala, Joseph Python, etc. Me Xavier Vallat (...) n'assiste pas à la séance[2]... »

1. Cour d'appel de Paris, 2 janvier 1942.
2. *Paris-Soir*, 7 janvier 1942.

Le Figaro fait état du même chiffre de 246 avocats juifs exclus, et fournit des précisions identiques[1]. Le secret des délibérations n'était pas mieux respecté au Conseil de l'Ordre qu'à la Cour d'appel...

La liste n'était point définitivement arrêtée. Certains avocats juifs avaient invoqué leurs titres militaires ou ceux de leur père. Des avocates juives étaient veuves de guerre ou mères de soldats tués au combat. Il leur fallait encore rassembler les preuves de leurs dires. Des prisonniers de guerre juifs se faisaient tardivement connaître. Au long de l'année 1942, et même en 1943, des adjonctions et modifications à la liste initiale allaient intervenir par arrêts de la Cour[2]. En définitive, 64 avocats juifs furent maintenus de plein droit au barreau de Paris, dont soixante et un anciens combattants ou orphelins de guerre, une veuve de guerre et deux mères de soldats tués face à l'ennemi. À titre provisoire, 26 avocats juifs retenus prisonniers en Allemagne demeuraient inscrits à l'Ordre, ainsi que cinq avocates épouses de prisonniers. Le *numerus clausus* était donc dépassé. En fait, on savait, avant même la promulgation de la loi, que seuls seraient maintenus au Barreau les Juifs qui avaient subi le « baptême du sang » ou leurs conjoint ou enfants. Quant aux avocats juifs prisonniers de guerre, leur maintien était tout provisoire : on statuerait sur leur sort à leur retour de captivité. Pour ce qui concerne les avocates juives, épouses de prisonniers de guerre, leur sort allait d'ailleurs être bientôt remis en question[3].

---

1. *Le Figaro*, 7 janvier 1942.
2. Arrêts de la Cour d'appel de Paris, les 13 février 1942, 12 mai 1942, 25 juillet 1942, 30 octobre 1942, 4 juin 1943, 28 juillet 1943.
3. Cf. *infra*, pp. 180-181.

Les « bons » avocats juifs

Au-delà du *numerus clausus*, le décret prévoyait à titre exceptionnel que certains avocats pourraient être maintenus au Barreau « en raison du caractère éminent de leur mérite professionnel » (art. 1, alinéa 5 du décret). « Avec ce second contingent, écrit le bâtonnier Charpentier, nous espérions conserver parmi nous la plupart de nos confrères qui avaient conquis notre estime[1]. » Le Conseil de l'Ordre avait donc mission de désigner, parmi les avocats juifs, ceux dont les mérites lui paraissaient suffisamment « éminents » pour qu'ils demeurassent avocats, bien que juifs. Certes, la décision finale, après avis de la Cour d'appel et sur proposition du commissaire général aux Questions juives, revenait au garde des Sceaux. Mais il incombait au Conseil de l'Ordre de sélectionner les avocats juifs jugés dignes d'être conservés au Barreau en dépit de leur « race ». L'analyse des choix opérés par le Conseil de l'Ordre de Paris est révélatrice.

D'abord par l'étendue de ces choix. Au début de 1941, s'agissant de l'interdiction faite aux fils d'étrangers d'exercer la profession d'avocat, le Conseil de l'Ordre avait proposé et obtenu près de 30 exemptions sur plus de 200 avocats[2] tombant sous le coup de la loi. S'agissant des Juifs, ce furent 14 avocats dont le Conseil de l'Ordre demanda, dans ses séances des 6 et

1. Jacques Charpentier, *op. cit.*, p. 153. Le bâtonnier ajoute : « ou qui avaient absolument besoin de leur profession pour assurer leur existence ». Cette dernière catégorie n'a jamais figuré dans le décret ni même été évoquée au cours des travaux d'élaboration.

2. Cf. *supra*.

27 janvier 1942, qu'au regard de leurs mérites « éminents » ils puissent demeurer au Barreau. Selon la liste dressée par le procureur général, il y avait alors 305 avocats juifs dans le ressort de la Cour d'appel de Paris. Parmi eux, 48 avaient été maintenus au Barreau en tant qu'anciens combattants ou victimes de guerre, et 20 prisonniers de guerre l'étaient à titre provisoire ; enfin une dizaine d'avocats juifs étaient inscrits à d'autres barreaux que celui de Paris dans le ressort de la Cour d'appel. C'étaient donc plus de 220 avocats juifs qui étaient menacés de radiation. Sur ce nombre, seuls 14 furent retenus par le Conseil de l'Ordre de Paris en considération de leurs mérites professionnels[1].

De son côté, le Conseil de l'Ordre du barreau de Reims, qui faisait partie du ressort de la Cour d'appel de Paris, proposait de maintenir à son Tableau un de ses membres, Georges Simon[2].

Qui étaient donc ces avocats parisiens à qui leurs mérites « éminents » valaient, aux yeux des membres du Conseil de l'Ordre, d'être distingués parmi la foule de leurs confrères juifs voués à être exclus du Barreau ?

À étudier leurs dossiers, à lire les rapports élogieux des membres du Conseil de l'Ordre, au-delà même des caractères propres à la personnalité et à la carrière de

1. Il s'agissait de : Eugène Crémieux (78 ans), Georges Hollander (63 ans), Jean Ignace (34 ans), Henri Javal (61 ans), François Lemant (33 ans), Alexandre Loeb (56 ans), Pierre Loewel (52 ans), Charles Lyon-Caen (67 ans), Albert Montel (76 ans), Léon Netter (44 ans), Pierre Rein (28 ans), Lucienne Scheid (30 ans), Lucien Vidal-Naquet (42 ans), Georges Widal (67 ans).

2. Selon une lettre du 5 mars 1942 du procureur général au garde des Sceaux, Georges Simon fut arrêté par les Allemands, le motif précis de son arrestation n'étant pas connu. Archives de la Chancellerie, C. 3970.

chacun, des traits communs apparaissent qui dessinent, comme un portrait-type, le modèle du « bon avocat juif » tel que le percevaient les membres du Conseil de l'Ordre en 1941.

Tous étaient de vieille ascendance française. La plupart étaient issus de familles implantées de très longue date en Alsace ou en Lorraine, parfois dans le Comtat Venaissin. Nombreux étaient ceux dont le père, l'oncle, le frère s'étaient illustrés dans l'armée, la magistrature, l'Université ou le Barreau. Ils étaient presque tous décorés ; quatre d'entre eux étaient officiers de la Légion d'honneur. Leurs études universitaires avaient été brillantes : trois d'entre eux avaient été lauréats des concours des facultés de droit. Huit avaient été secrétaires de la Conférence du stage, mais un seul avait été élu au Conseil de l'Ordre. Cinq exerçaient la profession depuis plus de quarante ans.

Un siècle et demi après l'émancipation des Juifs, ces avocats apparaissaient comme l'illustration de ce pur produit de la société française : l'« Israélite français » dont la famille s'était distinguée au service de l'État républicain et dont la carrière professionnelle était ou s'annonçait brillante.

Singulièrement, les mérites « éminents » que leur reconnaissaient les membres du Conseil de l'Ordre étaient aussi ceux de ces derniers, du moins ceux qu'ils revendiquaient comme tels : des racines provinciales, la notabilité familiale, des services rendus à la Nation, de solides études classiques, une réussite professionnelle acquise ou promise, le goût des décorations et des honneurs.

Ce serait cependant demeurer à la surface des choses que de ne point prendre en compte, derrière cette façade de respectabilité bourgeoise, les passions et les peines qui, à ce tournant de leur vie, ravageaient ces avocats juifs. Comme tous les Israélites français, ils étaient intensément patriotes. Le statut des Juifs, ils le ressentaient doublement : comme Juifs, parce qu'ils étaient traités en citoyens de second ordre, en parias de la communauté nationale ; et comme Français, parce que c'était la France, la terre de la Liberté, la mère-patrie, qui les rejetait[1]. Encore ignoraient-ils tout ce que le statut des Juifs, et l'instauration du *numerus clausus*, devaient au gouvernement du maréchal Pétain. À leurs yeux, cette législation raciste ne pouvait être que dictée par les Allemands. Ainsi que l'écrivaient Pierre Masse et Eugène Crémieux au bâtonnier Charpentier, le 27 juillet 1941, « la seule atténuation à notre peine est de savoir que cette persécution est imposée[2]. »

Comme à leur patrie, la France, ces avocats juifs demeuraient profondément attachés à leur profession et à l'Ordre des avocats. Ainsi Charles Lyon-Caen écrit-il au bâtonnier, le 7 janvier 1942 : « Je n'ai pas besoin de vous dire, mais je tiens à vous dire quand même à quel point m'a été au cœur ce qui s'est passé hier pour moi au Conseil (...). Rien ne pouvait m'aider davantage à vivre ces temps affreux que ce témoignage d'estime de nos pairs[3]... » Fils d'un conseiller à la Cour de Cassation, petit-fils d'un général, François Lemant écrit le 12 février 1942 : « Au moment où je quitte pour je ne sais quel temps le Barreau (...), je

1. Cf. *Journal de Me Lucien Vidal-Naquet*, présenté par Pierre Vidal-Naquet, *Annales*, mai-juin 1993, p. 514.
2. Cf. Jacques Charpentier, *op. cit.*, p. 152.
3. Archives du Conseil de l'Ordre.

tiens à vous dire ma tristesse de ce départ (...). Je veux dire au chef de l'Ordre, en même temps que ma fierté d'avoir porté la robe, toute la gratitude et l'admiration que j'ai pour lui[1]. »

L'Ordre, pourtant, s'il les épargnait à titre personnel, acceptait au même moment l'exclusion de plus de deux cents de leurs confrères, juifs comme eux, mais Français de moins longue date, de moins brillant lignage, de moindre réputation professionnelle. De cette distinction si contraire aux principes du Barreau et à ceux de la République de cette sélection entre les Juifs exclus et les Juifs maintenus au Barreau, seul l'un d'eux paraît s'être ému : Lucien Vidal-Naquet décida de refuser pour lui-même toute dérogation à une législation qu'il dénonçait, et toute « faveur » d'un gouvernement qu'il rejetait[2].

L'arrêt du 13 février 1942

La Cour d'appel de Paris se réunit en assemblée générale le 13 février 1942. Aux termes de son arrêt, « vu les états numériques et nominatifs établis par les barreaux du ressort de la Cour, en conformité avec les dispositions du décret du 16 juillet 1941 », la Cour a prononcé l'exclusion de 221 avocats juifs, dont 217 pour le seul barreau de Paris. Elle ajouta : « Considé-

1. *Ibid.*

2. Cf. Bâtonnier Arrighi, « Lucien Vidal-Naquet », in *Bulletin de l'Association amicale des secrétaires et anciens secrétaires de la Conférence des avocats à Paris*, t. 49, 1954, p. 249. Cf. Pierre Vidal-Naquet, « Le Journal de Me Lucien Vidal-Naquet », *op. cit.*, pp. 501-543.

rant que, par délibération motivée, les Conseils de l'Ordre des barreaux de Paris et de Reims ont désigné (...) quatorze avocats pour être maintenus au Tableau à titre exceptionnel en raison du caractère éminent de leur mérite professionnel, dit qu'il y a lieu de donner avis favorable à ces désignations[1]... » Rien de plus logique. Qui, mieux que des avocats, pouvait distinguer les mérites professionnels d'autres avocats ? Et les avocats ne revendiquaient-ils pas constamment la maîtrise de leur Tableau ? Tout commandait donc aux magistrats de la Cour de s'en rapporter aux membres du Conseil de l'Ordre pour séparer les quelques bons grains de l'ivraie des autres avocats juifs.

Mais, pour ces avocats, en attendant que le commissaire général aux Questions juives et le Garde des Sceaux eussent ratifié leur éventuel maintien au Barreau, la décision d'expulsion de la Cour d'appel de Paris était exécutoire. Deux mois après sa notification, le 12 mai 1942, Lucien Vidal-Naquet écrivit au bâtonnier :

> « Monsieur le Bâtonnier,
> « C'est aujourd'hui qu'aux termes de l'arrêt de la Cour de Paris du 13 février, je dois cesser l'exercice de ma profession d'avocat.
> « Plus heureux que mes enfants, j'aurai vu mon père conserver jusqu'à son décès un titre dont il était fier et dont il avait su m'inspirer le respect.

1. Arrêt de la Cour d'appel de Paris, 13 février 1942. Extrait des minutes du greffe de la Cour d'appel de Paris qui figure dans les archives du C.D.J.C., CVIII-8. Singulièrement, le 29 janvier 1942, le C.G.Q.J. écrivait au Bâtonnier de Béthune : « 250 avocats juifs ont été invités à quitter le Barreau. N'y ont été maintenus que 48 avocats juifs anciens combattants », C.D.J.C., XXIII-2.

« Fidèle à mon serment dans le temps même où la loi m'en délie, je m'interdis d'apprécier la mesure excluant du Barreau un avocat qui n'a jamais éludé aucun de ses devoirs professionnels, familiaux et nationaux[1]... »

Au moins Lucien Vidal-Naquet savait-il que le Conseil de l'Ordre avait recommandé qu'il demeurât au Barreau. D'autres avocats juifs, internés à Drancy, apprirent la nouvelle de leur exclusion de la bouche du bâtonnier. Yves Jouffa témoigne : « Le bâtonnier Charpentier vint au camp pour signifier à ses confrères internés leur radiation de l'Ordre. Il n'eut pas un mot pour regretter, expliquer ou excuser. Lorsqu'il est parti, j'ai vu pleurer quelques-uns de ces avocats[2]. »

Du droit à pension

Une question, jusque-là différée, se posait dorénavant avec acuité : jusqu'à la décision de la Cour d'appel, les avocats juifs avaient pu, malgré la publication des lois antisémites successives, continuer tant bien que mal à exercer leur profession dans la mesure où quelques clients leur conservaient leur confiance. Mais, dès l'instant où ils se voyaient interdire toute activité professionnelle, qu'allaient-ils devenir ?

S'agissant des avocats mobilisés, le Conseil de l'Ordre de Paris avait pris en 1940 les mesures néces-

1. Bâtonnier Arrighi, *Lucien Vidal-Naquet, op. cit.*, p. 250.
2. Témoignage d'Yves Jouffa adressé à l'auteur. Voir annexes.

saires pour sauvegarder leur clientèle[1]. Dès son retour à Paris, après la défaite, le 13 août 1940, le bâtonnier avait fait adopter par le Conseil des dispositions destinées à protéger les dossiers des cabinets d'avocats mis sous scellés par les Allemands[2]. Le 8 octobre 1940, des mesures conservatoires avaient été décidées, notamment la nomination d'avocats comme dépositaires des dossiers de confrères absents[3]. La question s'était à nouveau posée lors de la mise en œuvre des lois excluant du Barreau les avocats fils d'étrangers, puis les avocats juifs. À Paris, les assemblées d'avocats – les « colonnes » – s'étaient saisies du problème. Elles avaient considéré que « les confrères non maintenus au Tableau ou au stage en vertu de la loi du 10 septembre 1940 ou de la loi du 2 juin 1941, ont droit à la sauvegarde de leur clientèle au même titre que les confrères mobilisés » ; en conséquence, elles avaient émis le vœu que fût « sauvegardée la clientèle des confrères non maintenus au Tableau ou au stage en vertu des lois susdites ». Il y avait là, de la part des avocats réunis en assemblée, un précieux témoignage de solidarité vis-à-vis de confrères frappés par une législation d'exception. Mais le Conseil de l'Ordre, saisi de ce vœu, le rejeta le 18 novembre 1941[4].

Au lendemain de l'arrêt de la Cour d'appel de Paris, la question du sort des avocats juifs exclus se posa de nouveau. Le commissariat général aux Questions

1. Cf. notamment P.-V. de séance du 7 mai 1940, Archives du Conseil de l'Ordre.
2. P.-V. de séance du 13 août 1940, *ibid.*
3. P.-V. de séance du 8 octobre 1940, *ibid.*
4. Archives du Conseil de l'Ordre. Annexe du P.-V. du 18 novembre 1941.

juives en avait déjà été saisi par une lettre du 11 février 1942 émanant d'un avocat juif d'Alger. Rappelant que le cabinet et la clientèle d'un avocat ne sont pas cessibles, celui-ci évoquait les dispositions ouvrant aux fonctionnaires juifs mis à la retraite après quinze années d'exercice le droit à une pension, et posait la question : « Les barreaux ont désormais une caisse de retraite. Le législateur ne songe-t-il pas à permettre aux avocats juifs éliminés leur admission à une retraite proportionnelle, ou l'allocation d'une indemnité à partir d'un certain nombre d'années de barre[1] ? » Les services de Xavier Vallat répondirent le 12 février 1942 qu'il ne pouvait appartenir qu'aux institutions de prévoyance organisées par les barreaux de régler la question[2].

Une correspondance s'engagea à ce sujet entre le C.G.Q.J. et le ministre de la Justice. Le 14 mars 1942, Xavier Vallat écrivit au garde des Sceaux : « Un grand nombre de barreaux déclarent ne pouvoir prendre une décision :

1° parce que le décret du 16 juillet 1941 ne prévoit pas pour eux la faculté d'indemniser les avocats juifs ;

2° parce que le règlement des caisses de retraite des barreaux ne prévoit pas le cas tout à fait exceptionnel [*sic*] de l'élimination des avocats juifs[3]. »

Sans hâte excessive, la Chancellerie répondit, le 2 juin 1942, que l'article 4 du règlement intérieur de la Caisse des barreaux français prévoyait que les barreaux adhérents pouvaient disposer à leur gré d'un

1. Archives du ministère de la Justice.
2. *Ibid.*
3. C.G.Q.J., 14 mars 1942, C.D.J.C., XXIII-4.

douzième des droits de plaidoirie encaissés au titre des frais de justice. Il était donc possible d'accorder éventuellement une indemnité aux avocats juifs exclus de la profession[1].

Mais, au sein du barreau de Paris, le Conseil de l'Ordre avait pris sa décision dès le 17 février 1942 : les avocats juifs exclus « auront droit à la pension assurée par la Caisse des retraites de l'Ordre, sans condition d'âge, s'ils justifient d'un exercice professionnel d'une durée minima de 35 années[2]. » Sans doute la charge d'un grand nombre de pensions anticipées était de nature à altérer l'équilibre financier des caisses de retraite, sauf à accroître sensiblement le taux des cotisations des avocats non juifs. Mais en exigeant une ancienneté si longue, en refusant aux autres avocats juifs exclus du Barreau tout droit à pension, on réalisait une véritable spoliation. Car ces avocats juifs qui avaient exercé leur profession pendant vingt ou trente ans avaient apporté leur contribution aux caisses du Barreau pendant toute cette période. L'on n'en tenait nul compte, même sous la forme d'une pension proportionnelle au nombre d'annuités.

Et puis, comment éluder la question essentielle : ces avocats juifs, dont beaucoup avaient exercé leur profession pendant de nombreuses années, à défaut de l'avoir fait pendant 35 ans ou plus, qu'allaient-ils devenir ? Le statut des Juifs leur barrait tout accès à la fonction publique et leur interdisait de multiples autres professions. Selon la loi sur l'« aryanisation »,

1. Lettre du garde des Sceaux au C.G.Q.J., 2 juin 1942. Archives de la Chancellerie.

2. P.-V. de séance du 17 février 1942, p. 62. Archives du Conseil de l'Ordre. (Souligné par nous.)

ils ne pouvaient pas créer d'entreprises commerciales. L'exploitation de propriétés agricoles leur était interdite. Même la possibilité d'être employés dans leur ancien cabinet leur était refusée[1]. Exclus du Barreau sans pension, ils étaient voués, pour la majorité d'entre eux qui vivaient de leur profession, non seulement à une cruelle perte de statut social, mais à la misère. La conscience de cette situation tragique pour des avocats qui, dans l'ensemble, étaient loin d'être fortunés, avait ému la majorité de leurs confrères dans les assemblées générales ; mais les membres du Conseil de l'Ordre, qui se considéraient comme la conscience du Barreau, demeurèrent insensibles à ces considérations dès lors qu'il ne s'agissait pas de confrères juifs âgés.

Du côté du commissariat général aux Questions juives

La Cour d'appel de Paris n'avait formulé qu'un avis sur la demande présentée par le Conseil de l'Ordre de conserver à titre exceptionnel quatorze avocats juifs en sus du *numerus clausus*. La décision appartenait au gouvernement, plus précisément au garde des Sceaux, sur proposition du commissariat général aux Questions juives. Le moment était donc venu, pour

1. Cf. note du C.G.Q.J. du 24 avril 1942 : « Aux termes de l'article 3 de la loi du 17 novembre 1941, un Juif qui a dû abandonner les fonctions qu'il détenait dans une entreprise déterminée ne peut être employé dans cette entreprise à quelque titre que ce soit. Cette disposition s'applique au Juif qui a dû quitter son cabinet de médecin, d'avocat..., exception faite pour les employés manuels et subalternes. »

Xavier Vallat, de prendre parti sur la liste présentée par le Conseil de l'Ordre dont il était membre. Il s'était abstenu de siéger lors de la séance du 6 janvier 1942, mais on peut difficilement croire qu'il ignorait les choix du Conseil.

Le C.G.Q.J. agissait sous l'étroit contrôle des autorités d'occupation. L'attention portée par celles-ci aux avocats juifs ne se relâchait pas. Le 24 décembre 1941, le Dr Grohman, des services de l'ambassade, demandait à la Chancellerie si des avocates juives exerçaient encore leur profession à Paris. Il s'inquiétait aussi de l'état de la procédure par laquelle les avocats juifs étaient radiés du Barreau[1]. Le 31 décembre 1941, il réclamait des explications sur l'article du journal *Le Matin*, daté du même jour, intitulé : « Encore 50 avocats juifs au barreau de Paris[2]. » Dans une note en réponse, le directeur des Affaires civiles confirmait l'exactitude des informations données dans cet article[3].

Le 16 janvier 1942, Xavier Vallat écrit au Dr Schneider, attaché au commandement militaire allemand, pour lui transmettre, conformément à sa demande, l'arrêt du 6 janvier de la Cour d'appel de Paris. Afin de témoigner de sa vigilance, il ajoute : « Sur cette liste figure Monsieur [*X*...] qui détient la carte d'ancien combattant au sujet de l'obtention de laquelle je fais toutes réserves. J'ai demandé un nouvel examen de cette affaire afin de [la] lui faire retirer[4]. »

Le 21 janvier 1942, le Dr Grohman avise la Chancellerie que « les autorités allemandes ont conféré avec

1. Archives du ministère de la Justice.
2. *Ibid.*
3. *Ibid.*
4. C.D.J.C., CVCV-18. Il semble que la démarche de Vallat n'ait

les services de Xavier Vallat sur la liste des avocats juifs à maintenir en raison de leurs services exceptionnels (...). La liste définitive devra être soumise aux autorités allemandes[1]. »

Les antisémites français s'impatientent aussi d'une situation qui leur paraît inadmissible. Le bâtonnier d'un barreau du Nord écrit le 25 janvier 1942 à Xavier Vallat pour lui faire part de ses griefs envers le Conseil de l'Ordre de Paris, qu'il accuse de manœuvres dilatoires. Xavier Vallat fait répondre par ses services à ce bâtonnier, « qu'il tient en très grande estime (...), combien les griefs formulés à l'égard du Conseil de l'Ordre, dont il fait partie, sont injustifiés. Le Conseil de l'Ordre ne se livre à aucune manœuvre de sauvetage des Juifs (...). Le rôle du Conseil de l'Ordre doit se borner à proposer éventuellement au Commissaire général aux Questions juives les noms de quelques avocats juifs d'un caractère professionnel particulièrement éminent (...). Cette proposition n'a pas encore été faite officiellement par le Conseil de l'Ordre. Elle ne contiendra vraisemblablement que très peu de noms... » Et il conclut : « La surprise profonde éprouvée par les avocats de la région du Nord, dont vous me faites part, n'est que le résultat d'informations insuffisantes[2]. » Le bâtonnier remercie aussitôt Xavier Vallat de sa lettre « qui le rassure pleinement[3]. »

---

pas abouti : l'avocat en question figure en 1943 sur une liste des avocats maintenus de plein droit.

1. Archives du ministère de la Justice, direction des Affaires civiles.
2. C.D.J.C., XXIII, lettre du 29 janvier 1942.
3. *Ibid.*, lettre du 31 janvier 1942.

De fait, Xavier Vallat veillait à ce que la législation antisémite fût mise en œuvre avec toute la rigueur possible, qu'il s'agisse des avocats juifs, ses confrères, ou d'autres professions. Le garde des Sceaux lui avait signalé en janvier 1942 le cas d'avocats juifs originaires de Tunisie qui avaient été radiés du Barreau par application de la loi du 10 septembre 1940, leur père n'étant que « protégé français ». Or, une loi du 15 octobre 1941 avait ouvert la profession d'avocat aux « protégés français naturalisés[1]. » Un avocat juif avait demandé à bénéficier de cette disposition et à être de la sorte réintégré au Barreau. Le C.G.Q.J. avait refusé en invoquant d'obscures arguties juridiques. À Joseph Barthélemy qui suggérait une modification de la loi sur ce point, Xavier Vallat avait opposé une fin de non-recevoir catégorique : « Une décision prise en ce sens constituerait un précédent susceptible d'être invoqué dans nombres d'hypothèses analogues concernant non seulement les avocats, mais aussi les médecins, architectes, sages-femmes, pharmaciens, etc., et serait en contradiction avec les positions de principe prises en cette matière par mon Commissariat général[2]. » Le garde des Sceaux n'avait pas insisté.

Le 19 mars 1942, le C.G.Q.J. écrit au ministère de la Justice pour lui demander :

« 1° Combien d'avocats ont été licenciés [*sic*] dans chaque Conseil de l'Ordre au titre de l'application du décret du 16 juillet 1941.

---

1. *J.O.*, 7 novembre 1941, p. 4825.
2. C.G.Q.J., 18 février 1942, C.D.J.C., XXIII-3. (Souligné par nous.)

« 2° Combien ont été maintenus au titre des dérogations[1]. »

Dans sa réponse du 27 mars 1942, la direction des Affaires civiles rappelle que « 203 avocats juifs doivent cesser d'exercer, suivant délibération de la Cour d'appel de Paris. En ce qui concerne les autres Cours, toutes les délibérations ne sont pas encore parvenues à la Chancellerie. » Et le directeur précise : « La Chancellerie procède à l'instruction de 16 demandes de maintien formulées par trois Conseils de l'Ordre (Paris : 14, Reims : 1, Avignon : 1) en considération du mérite professionnel des intéressés[2]. »

Le 28 mars 1942, Joseph Barthélemy adresse à Xavier Vallat les délibérations des Conseils de l'Ordre et l'arrêt de la Cour d'appel. Il ajoute : « Je vous serais très obligé, en me faisant retour des documents, de me donner pour chacun des avocats en cause votre avis motivé sur l'opportunité de les maintenir en exercice[3]. »

Le 4 avril 1942, Xavier Vallat fait connaître son choix. Sur les quatorze demandes présentées par ses confrères du Conseil de l'Ordre de Paris, cinq seulement sont retenues : Lucienne Scheid, Léon Netter, François Lemant, Eugène Crémieux, Charles Lyon-Caen. Xavier Vallat n'explicite pas les motifs qui ont

---

1. C.G.Q.J., lettre du 19 mars 1942. A.N. Aj 3858/34.

2. Lettre du garde des Sceaux, 2e Bureau civil, n° 7301. En réalité, la Cour d'appel de Paris avait exclu 217 avocats parisiens, mais la direction des Affaires civiles avait soustrait de ce total les 14 avocats pour lesquels la demande de maintien présentée par le Conseil était à l'étude.

3. Lettre signée Joseph Barthélemy, 28 mars 1942, C.D.J.C., CXI-25.

guidé son choix au sein de la sélection déjà opérée par le Conseil de l'Ordre. Deux traits dominants apparaissent néanmoins parmi ses bénéficiaires : l'ancienneté de leur origine française et l'éclat des services rendus à la Nation par leur famille, que ce soit dans l'Université (le grand-père de Charles Lyon-Caen avait été doyen de la faculté de droit de Paris, le père de Léon Netter, une des gloires de la médecine française), dans la magistrature (l'oncle de Charles Lyon-Caen avait été conseiller à la Cour de Cassation, comme le père de François Lemant ; l'un comme l'autre avaient été exclus de la magistrature par la loi du 2 octobre 1940), du Barreau (notamment pour Crémieux), ou de l'Armée (le grand-père de François Lemant, héros de la campagne de Crimée, avait achevé sa carrière avec le grade de général). Avant de se prononcer sur le sort d'un autre avocat figurant sur la liste, Jean Ignace, Xavier Vallat avait d'ailleurs demandé qu'on lui fît connaître son degré de parenté avec un autre Ignace, ministre en 1917 dans le cabinet Clemenceau. Lucienne Scheid a sans doute dû d'être retenue à sa qualité de premier secrétaire de la Conférence du stage, ainsi qu'aux fonctions qu'elle avait accepté d'assumer au sein de l'Union générale des Israélites de France dont Xavier Vallat avait souhaité la création[1].

Sur les autres, Xavier Vallat fut concis : « Aucun de ces avocats, malgré la distinction avec laquelle ils exercent leur profession, ne me paraît avoir acquis le

1. Cf. Xavier Vallat : « Me Lucienne Scheid-Hass, ma consœur au barreau de Paris, avait mis très courageusement son talent et sa science juridique au profit de ses frères », in *Le Nez de Cléopâtre, op. cit.*, p. 262.

caractère éminent exigé par le décret[1]. » Sa lettre s'achevait par une annonce menaçante : « À toutes fins utiles, je vous préviens que je fais faire au sujet de ces derniers une enquête par le service des Sociétés secrètes[2]. »

À la passion antisémite de Xavier Vallat s'ajoutait en effet son obsession de la franc-maçonnerie. Le 25 avril 1942, le chef du service des Sociétés secrètes lui fit connaître que « ses services ne possédaient actuellement aucun renseignement prouvant que les intéressés aient appartenu à une des sociétés secrètes, à l'exception de Georges Widal, avocat à la Cour de Paris, qui a été, en 1927, orateur-adjoint de la Loge "La République de Paris". Le nom de l'intéressé a du reste paru au *Journal officiel* du 20 août 1941 dans une liste de dignitaires de la franc-maçonnerie[3] ». Il est vraisemblable que Xavier Vallat connaissait déjà ce fait lorsqu'il avait écrit au garde des Sceaux, mais qu'il n'était point mécontent de prendre ainsi en défaut la vigilance de ses confrères du Conseil de l'Ordre.

La chute de Xavier Vallat

Lorsque, le 4 avril 1942, Xavier Vallat fit connaître au garde des Sceaux ses propositions concernant les avocats juifs à maintenir au Barreau, il savait déjà que l'amiral Darlan, en accord avec le maréchal Pétain, avait décidé de le remplacer dans ses fonctions.

1. Lettre du 4 avril 1942, C.G.Q.J. au garde des Sceaux, C.D.J.C., CXI-25.
2. *Ibid.*
3. CDJC, CXI-25.

Pour les nazis, l'heure était venue de mettre partout en œuvre dans l'Europe occupée, notamment en France, la « solution finale » de la question juive décidée par Hitler. Pour collaborer aux mesures à venir d'arrestation et de déportation massives des Juifs de France, les services du S.D. allemand ne faisaient pas confiance à Vallat. Dans ses rapports avec eux, celui-ci se montrait toujours hautain, voire méprisant. À propos de la création de l'Union générale des Israélites de France, à l'automne 1941, les heurts s'étaient multipliés entre Dannecker et lui. Le 17 février 1942, au siège du S.D., à Paris, lors d'une réunion au cours de laquelle Dannecker lui avait reproché sa « tactique dilatoire », Vallat lui rétorqua : « Je suis un antisémite de plus ancienne date que vous. D'ailleurs, j'aurais pu être votre père. » Dannecker rapporta à ses supérieurs : « Vallat s'est oublié au point de faire la remarque qu'il ne pouvait pas permettre d'être traité par moi comme un subordonné[1]. »

Le 19 février, le Dr Best, chef de l'état-major administratif à Paris, convoqua l'ambassadeur de Brinon pour l'informer que de nombreux services allemands s'étaient plaints de l'activité de Vallat, « ce qui provoque des difficultés nuisibles à la collaboration franco-allemande (...). Les services berlinois, dont l'activité vise l'application de la politique antijuive dans toute l'Europe, ont également reconnu ces inconvénients et observent avec attention la situation en France[2] ».

1. Rapport de Dannecker à Knochen, 19 février 1942. C.D.J.C., LXXV-147. Cité in Billig, *op. cit.*, I, p. 222.
2. In Billig, *ibid.*, p. 223. C.D.J.C., LXXV-148.

Le sort de Vallat était scellé. Le 19 mars 1942, il reçut de l'amiral Darlan une lettre l'avisant que les autorités d'occupation ne l'autorisaient plus à franchir la ligne de démarcation : « Vous vous trouveriez dès lors, si vous étiez maintenu à votre poste, dans l'impossibilité d'exercer vos importantes fonctions. Dans ces conditions, Monsieur le maréchal de France, chef de l'État, a pris la décision de vous remplacer à la tête du commissariat général[1]. »

Encore fallait-il lui trouver un successeur qui convînt aux Allemands. Ce fut Darquier de Pellepoix, nommé le 8 mai par Laval, revenu à la tête du gouvernement à la place de Darlan. À l'antisémitisme d'exclusion succédait l'antisémitisme d'élimination.

Darquier de Pellepoix à l'œuvre

Comme Vallat, Darquier haïssait les Juifs. Comme Vallat, il avait milité avant-guerre dans des organisations d'extrême droite. Il avait été blessé lors des manifestations du 6 février 1934, place de la Concorde. Comme Vallat, il avait insulté Léon Blum en 1936, non à la tribune de la Chambre, mais à celle, plus modeste, du conseil municipal de Paris. Comme Vallat, il avait été un combattant courageux, décoré pour ses faits d'armes en 1917, puis en 1940.

1. In Billig, *ibid.*, p. 224. Cf. *Le Pilori*, mai 1942 : « Dès l'avènement de M. Xavier Vallat à son poste, nous avons alerté Vichy sur les dangers que présentait la nomination à ces hautes fonctions du politicien dont le poste de vice-président de la Chambre était la preuve de son opportunisme !! »

Mais là s'arrêtaient les points communs. Contrairement à Vallat, Darquier était corrompu. Dès 1937, il avait reçu des fonds secrets des nazis. Sa carrière avant la guerre avait été celle d'un médiocre. Il ne se targuait pas d'une approche philosophique du problème juif. En revanche, il faisait volontiers le coup de poing contre les Juifs.

Enfin, contrairement à Vallat, il ne fréquentait pas les cercles bien-pensants de Vichy. Fait prisonnier en 1940, il avait regagné Paris après avoir été libéré par les Allemands. Il y avait fondé l'« Association pour la défense de la race » et œuvrait dans les cercles les plus antisémites, tel l'Institut d'études des questions juives, fondé par les Allemands. Les nazis avaient toute confiance en lui. Il ne les décevrait pas[1].

Le choix des « bons » avocats juifs n'était toujours pas arrêté par le garde des Sceaux quand Darquier prit ses fonctions. Le 8 juin 1942, Barthélemy s'enquit de savoir si le choix de la Chancellerie pouvait dépasser les propositions faites par le C.G.Q.J. Le 18 juin, ce dernier confirma que le choix du garde des Sceaux n'était pas limité aux propositions émises par le Commissaire ; mais il ajouta : « Cette opinion ne doit cependant pas être considérée comme apportant un changement quelconque aux avis défavorables, objet de ma lettre du 4 avril 1942[2]. »

---

1. Sur Darquier, cf. Marrus et Paxton, *op. cit.*, pp. 260-262.
2. C.G.Q.J., 18 juin 1942. C.D.J.C., CXI-35. La lettre est signée de Monier, secrétaire général du C.G.Q.J., « placé auprès de Darquier par Laval pour freiner sa politique », selon Billig, *op. cit.*, t. III, p. 25. Sitôt après cette lettre, Monier devait démissionner de son poste.

Le 8 juillet, Barthélemy fait connaître ses choix au C.G.Q.J. Se référant à la liste du Conseil de l'Ordre de Paris, le garde des Sceaux écrit : « J'en ai éliminé quatre qui pouvaient susciter des incidents de la part de l'autorité occupante. Est-ce que celle-ci ne s'opposera pas au maintien des dix autres ? » Et il ajoute cette interrogation : « Leur maintien ne les désignera-t-il pas pour une arrestation[1] ?... »

Le projet d'arrêté joint à la lettre retenait dix noms : Crémieux, Ignace, Javal, Loeb, Loewel, Lyon-Caen, Montel, Netter, Rein, Vidal-Naquet. Des cinq propositions formulées par Xavier Vallat, deux – Lucienne Scheid et François Lemant – avaient été écartées. Sur les motifs de ses choix, le garde des Sceaux ne s'expliquait pas.

Le 12 août 1942, un entretien eut lieu à la Chancellerie entre Joseph Barthélemy et Darquier. Une note au crayon porte l'indication : « Montel, Crémieux, Lemant, Lyon-Caen, Netter ». C'était le retour aux propositions de Xavier Vallat. Simplement, Albert Montel, ancien capitaine à l'état-major du général Joffre en 1914, âgé de soixante-seize ans, avait pris la place de Lucienne Scheid. En bas de la note figurait la mention : « Dossier remis à Monsieur Darquier pour réponse[2] ».

Elle vint sans tarder, le temps pour Darquier de consulter les services allemands. Le 15 août 1942, il fit savoir qu'il émettait un « avis défavorable » au maintien des cinq avocats proposés par son prédécesseur[3].

1. A.N. F60 518, 8 juillet 1942.
2. A.N. F60 518, 12 août 1942.
3. *Ibid.*, 15 août 1942.

Le 16 septembre 1942, le chef du gouvernement, Pierre Laval, répondit à J. Barthélemy : « À la date du 9 juillet 1942, vous avez bien voulu appeler mon attention sur la situation d'un certain nombre d'avocats juifs proposés par le Conseil de l'Ordre de la Cour d'Appel de Paris pour être maintenus en fonction en sus du *numerus clausus*. J'ai l'honneur de vous faire connaître que je partage entièrement la manière de voir que Monsieur le commissaire aux Questions juives vous a exposée dans sa lettre du 15 août 1942[1]. »

La question était tranchée. Il ne pouvait y avoir au Barreau d'avocats juifs aux mérites suffisamment « éminents » pour échapper au *numerus clausus*.

En ce mois de septembre 1942, qu'importait d'ailleurs à Pierre Laval le destin professionnel de quelques avocats juifs, même s'il avait connu personnellement certains d'entre eux avant la guerre[2] ? Pour permettre la réalisation du plan de déportation massive des Juifs de France préparé par Eichmann, Laval avait accepté, au début de juillet 1942, que Bousquet mît à la disposition des Allemands les forces de police française afin d'exécuter à Paris les grandes rafles du « Vel' d'Hiv' ». En zone libre, il avait promis à Knochen, chef du S.D. en France occupée, que 14 500 Juifs étrangers ou apatrides, pour la plupart internés dans des camps en zone libre, lui seraient livrés pour être déportés[3]. Dans les nuits du 26 au

1. Le chef du gouvernement à Monsieur le garde des Sceaux, 16 septembre 1942, *ibid.*

2. Pierre Laval était avocat au barreau de Paris depuis 1909.

3. Cf. notamment, sur la préparation des rafles, le compte rendu de la réunion du 2 juillet 1942 entre Oberg, Knochen et Bousquet, C.D.J.C., XXVI-40, in Billig, *op. cit.*, t. I, pp. 244-245. Cf. Marrus et Paxton, *op. cit.*, pp. 2, 233, 249, pp. 214 et suivantes.

28 août 1942, sur ordre de Bousquet, la police avait procédé en zone libre à de grandes rafles : 7 100 Juifs étrangers ou apatrides avaient été appréhendés et livrés aux Allemands, y compris les enfants. Dans une note adressée à Berlin le 6 juillet 1942, Dannecker avait écrit : « Le Président Laval a proposé, à l'occasion de la déportation des familles juives de la zone non occupée, de déporter également les enfants de moins de seize ans. Le problème des enfants juifs restant en zone occupée ne l'intéresse pas[1]. »

Il était dans l'ordre des choses que Laval abandonnât à Darquier le soin de régler la question des dérogations au *numerus clausus* des avocats. L'heure n'était plus pour lui à ces détails.

Les « bons Juifs » avocats

Restait une autre catégorie d'avocats juifs qui pouvaient prétendre à demeurer au Barreau au-delà du *numerus clausus*. La loi du 2 juin 1941 avait, en son article 8, prévu la possibilité de relever des interdictions frappant les Juifs, ceux :

> « 1° qui ont rendu à l'État français des services exceptionnels ;
> « 2° dont la famille est établie en France depuis au moins cinq générations et a rendu à l'État français des services exceptionnels[2]. »

1. Dannecker à Eichmann, 6 juillet 1942, C.D.J.C., XLIX-35 (souligné par nous). Selon le médecin de Drancy, 5 500 enfants passèrent par le camp du 21 juillet au 9 septembre 1942, avant d'être déportés. Cf. Marrus et Paxton, *op. cit.*, p. 246.
2. *J.O.* du 14 juin 1941, p. 2475.

Consulté pour avis sur la portée du texte, le Conseil d'État avait estimé que ces deux conditions devaient être considérées comme alternatives et non pas cumulatives. Il ne s'agissait donc plus de justifier de mérites professionnels éminents, mais de services exceptionnels rendus à la France par l'intéressé ou par sa famille, française de longue date. Dans ce cas, la dérogation ne récompensait plus le « bon avocat » juif, mais le « bon Juif » avocat. Cette dernière exception était de portée générale : dans une famille juive française de souche où le père s'était illustré au service de la Patrie, tous les enfants pouvaient prétendre à être relevés de l'interdiction, qu'ils fussent hauts fonctionnaires, avocats ou médecins[1]. Ces Juifs-là représentaient, aux yeux du législateur de Vichy, l'aristocratie du ghetto. Ils appelaient un traitement privilégié. Dans le cas de hautes fonctions publiques, la décision devait être prise en Conseil d'État sur rapport du C.G.Q.J. S'agissant d'autres interdictions, elle relevait du pouvoir du commissaire général aux Questions juives.

À l'automne 1941, alors que les avocats juifs se déclaraient comme tels au Conseil de l'Ordre, un certain nombre d'entre eux déposèrent en même temps une demande de relèvement de l'interdiction en invoquant l'ancienneté de l'établissement en France de leur famille et l'éclat des services rendus par leurs parents à la nation. D'autres demandes du même ordre avaient été adressées à la Chancellerie ou au C.G.Q.J. La Chancellerie, interrogée sur la procédure à suivre, ne put que constater, en décembre 1941, que

1. Lettre du Conseil d'État au garde des Sceaux, 27 août 1942. Archives du ministère de la Justice.

« la loi du 2 juin 1941 ne contient aucune disposition précise sur la manière dont les demandes doivent être instruites[1] ».

Dans sa séance du 6 janvier 1942 où il examinait le sort des avocats juifs, le Conseil de l'Ordre considéra qu'il lui appartenait de formuler des avis sur ces demandes de relèvement et de les envoyer au procureur général. Ces avis furent classés en cinq catégories : très favorable, favorable, exercice honorable de la profession, sans objection, défavorable[2]. On pouvait s'interroger sur la vocation du Conseil de l'Ordre à établir une telle hiérarchie. Autant il était fondé à apprécier les mérites professionnels de tel ou tel avocat, autant il était singulier qu'il se prononçât sur les services « exceptionnels » rendus par le requérant – et plus encore sa famille – à l'État français.

D'autres demandes de relèvement furent examinées au cours de l'année 1942. Dans un certain nombre de cas, le demandeur, ancien combattant, ou bien conjoint ou descendant d'ancien combattant, bénéficiait de plein droit du maintien au Barreau. Pour les 35 autres dossiers examinés par le Conseil de l'Ordre, celui-ci se montra bienveillant : un seul avis défavorable (il s'agissait d'un ancien magistrat devenu avo-

1. Dans une lettre à la direction des Affaires civiles du 23 juin 1942, le procureur général près la Cour de Paris écrit à ce sujet : « Si le pétitionnaire peut établir qu'il appartient à une famille établie en France depuis cinq générations et dont les membres ont rendu des services exceptionnels à l'État français, il devra constituer un dossier en y joignant une supplique [*sic*] adressée au C.G.Q.J., qui appréciera la suite à donner. » Archives du ministère de la Justice.

2. P.-V. de la séance du 6 janvier 1942. Archives du Conseil de l'Ordre.

cat après avoir été relevé de ses fonctions à la fin de juillet 1940), les autres se partageant entre 9 très favorables, 7 favorables, 9 exercices honorables, 9 sans objection[1]. Les bénéficiaires de ces avis présentaient des traits identiques à ceux des avocats déjà sélectionnés par le Conseil de l'Ordre pour leurs mérites professionnels : enracinement familial, importance des mérites militaires de leurs ascendants, rappel des carrières judiciaires ou administratives. C'étaient bien ces « vieux Juifs français » chers à l'amiral Darlan, qui regrettait que Xavier Vallat se montrât trop dur à leur égard[2].

Le procureur général, saisi pour avis, se borna à suivre l'opinion du Conseil de l'Ordre. Le garde des Sceaux, auquel avaient été adressées directement d'autres demandes, adopta la même attitude et, pour l'essentiel, suivit, dans les dossiers où il était formulé, l'avis du Conseil de l'Ordre[3]. Au printemps de 1942, la Chancellerie fit parvenir les dossiers au commissariat général aux Questions juives pour décision. *Aucune* exemption ne fut accordée par Darquier[4]. À ses yeux, il ne pouvait exister de Juif qui eût rendu des services assez éclatants à la France pour justifier que lui-même ou un membre de sa famille pût exercer la profession d'avocat.

Cette volonté d'exclusion radicale se manifestait aussi, chez Darquier, à propos des avocates juives,

1. Archives du Conseil de l'Ordre.
2. « J'ai l'impression que M. Vallat va un peu fort et ne suit pas les directives qui sont de ne pas embêter les vieux Juifs français. » Lettre de Darlan du 15 janvier 1942, in Marrus et Paxton, *op. cit.*, p. 114.
3. Archives de la Chancellerie, C. 3970.
4. *Ibid.*

femmes de prisonniers de guerre. Elles avaient obtenu de la Cour d'appel d'être maintenues au Barreau jusqu'au retour de captivité de leur mari. La loi du 2 juin 1941 prévoyait en effet que l'application du statut était différée, dans le cas des prisonniers de guerre juifs, jusqu'à leur libération. Avant la nomination de Darquier, le C.G.Q.J. s'était prononcé pour cette interprétation favorable. Le 22 juin 1942, le C.G.Q.J. adressa au garde des Sceaux un projet de texte limitant cette disposition[1] aux seules femmes de fonctionnaires juifs prisonniers, afin d'en retirer le bénéfice aux avocates juives, épouses de prisonniers. Pour Darquier comme pour les nazis, aucun Juif, pour quelque motif que ce fût, ne devait être avocat. C'était aussi simple que cela.

En province

Le sort des avocats juifs n'intéressait, selon le bâtonnier Charpentier, que le barreau de Paris « et les barreaux d'Afrique du Nord, en majorité antisémites ». Il est vrai que les barreaux de province comptaient fort peu d'avocats juifs. Seuls les grands barreaux, tels Bordeaux, Toulouse, Lyon ou Marseille, étaient en fait concernés.

Conformément aux instructions de la Chancellerie, les procureurs généraux n'en invitèrent pas moins les Conseils de l'Ordre à faire connaître le nombre d'avocats juifs inscrits à leur barreau afin de déterminer si

1. Cf. lettre du 29 juillet 1942 du garde des Sceaux au C.G.Q.J., réponse de celui-ci du 12 août, et réplique de la Chancellerie du 17 août 1942 (Archives du ministère de la Justice).

le *numerus clausus* de 2 %, fixé par le décret du 16 juillet 1941, était respecté. La procédure se déroula pendant l'automne 1941 et l'hiver 1942.

En zone occupée, Bordeaux était le siège d'une vieille communauté juive, assimilée dès l'Ancien Régime. En application du décret, cinq avocats juifs se déclarèrent au Conseil de l'Ordre. Le 10 novembre 1941, le procureur général fit connaître au bâtonnier de l'Ordre que « le nombre total des avocats étant de 307 et le nombre des avocats juifs de 5, le pourcentage fixé par l'article premier du décret n'est pas atteint[1] ». Après le départ en zone libre de l'un d'entre eux, le Conseil de l'Ordre désigna un administrateur à son cabinet en la personne d'un confrère. La préfecture de la Gironde, avisée, fit savoir, sous la signature de son secrétaire général, qu'elle ne voyait aucun inconvénient à cette mesure, mais précisa que « cet avocat administrateur devra se borner à liquider les dossiers en cours[2] ». Ainsi, ce cabinet était voué à disparaître.

À Besançon, la Cour d'appel avait décidé par arrêts des 22 juin et 1er juillet 1942 que deux avocats juifs exerçant dans son ressort devraient quitter le Barreau. L'un d'eux était Pierre Dreyfus-Schmidt, maire de Belfort et avocat au barreau de cette ville. Blessé au combat, il avait fait l'objet d'une citation en juin 1940. Il s'était réfugié à Castres avec sa famille. Dès l'homologation de sa citation, il saisit la Cour d'appel de Besançon et demanda à être rétabli au Tableau des

1. Archives de l'Ordre des avocats à la Cour d'appel de Bordeaux.

2. Lettre du 8 août 1942 de la préfecture de la Gironde, section des Questions juives, signée du secrétaire général Maurice Papon. Archives précitées.

avocats du barreau de Belfort. Par arrêt du 28 octobre 1942, la Cour lui donna satisfaction[1]. La portée de cette mesure devait demeurer purement symbolique, car Pierre Dreyfus-Schmidt, en novembre 1942, gagna clandestinement l'Espagne, puis le Maroc, et rejoignit l'armée française en Afrique du Nord pour reprendre le combat.

En zone libre, à Toulouse, le nombre des avocats juifs du ressort de la Cour d'appel s'établissait à cinq, inscrits ou stagiaires. Le nombre des avocats non juifs étant, au 16 juillet 1941, de deux cent vingt-sept, et « les fractions de plus de vingt-cinq entrant dans le calcul du *numerus clausus* selon une circulaire de la Chancellerie du 12 novembre 1941 », la Cour considéra que le *numerus clausus* de 2 % était respecté. Les cinq avocats, dont un prisonnier de guerre, demeurèrent donc inscrits au barreau[2]. En 1942, l'un d'eux, « n'ayant pas donné signe de vie depuis plusieurs années », fut omis du Tableau de l'Ordre des avocats. Un autre avocat juif qui s'était porté candidat fut alors admis par le Conseil de l'Ordre à prendre sa place[3].

Le ressort de la Cour d'appel d'Aix-en-Provence, la plus importante en zone libre, comptait neuf barreaux, dont trois principaux : Aix, Marseille et Nice. À Aix même, siège de la Cour, fière d'une tradition judiciaire remontant aux temps glorieux du parlement de Provence, le Conseil de l'Ordre, le 22 octobre 1940, s'inquiéta des projets de nouveau statut de la profes-

1. Registre des actes de la Cour d'appel de Besançon.
2. Arrêt de la Cour d'appel de Toulouse, 2 décembre 1942. Archives départementales de Haute-Garonne, 2066W1073.
3. Archives du Conseil de l'Ordre de Toulouse. Séance du 13 janvier 1943.

sion et prit une délibération dans laquelle il rappelait que, « par sa structure, par ses traditions, par son respect des grandes vertus humaines, par sa discipline, par les interdictions qu'il s'impose, l'Ordre des Avocats a démontré sa nécessité en rendant à travers les temps les plus grands services à la Justice et à la société[1] ». Il concluait à la nécessité de maintenir intacte la réglementation existante. La délibération fut envoyée au maréchal Pétain, qui adressa à l'Ordre « ses remerciements pour les sentiments exprimés[2] ».

Dès le 27 septembre 1940, le Conseil de l'Ordre entreprit de mettre en œuvre la loi du 10 septembre interdisant l'exercice de la profession d'avocat aux enfants nés de père étranger. Le cas d'un avocat inscrit au barreau d'Aix, naturalisé français d'origine tunisienne, dont le père était « protégé français », fut évoqué. Tombait-il sous le coup de la loi ? Le Conseil résolut de solliciter l'avis de la Chancellerie avant de se prononcer[3]. De façon plus générale, le Conseil avait décidé d'adresser à tous les membres du barreau une lettre leur demandant de préciser s'ils étaient nés de père français, et, dans la négative, d'indiquer les faits qui pouvaient justifier leur maintien dans la profession[4].

Le 20 octobre 1940, le bâtonnier Crémieu, issu d'une vieille famille juive du Comtat Venaissin, l'une

1. P.-V. de la séance du Conseil de l'Ordre, 22 octobre 1940. Archives du Conseil de l'Ordre, p. 303.

2. *Ibid.*

3. P.-V. de la séance du 27 septembre 1940, Archives du Conseil de l'Ordre, p. 300. L'intéressé fut omis du Tableau par décision du Conseil de l'Ordre du 14 novembre 1940. De nombreux recours de sa part furent exercés. Le Conseil de l'Ordre ne cessa de leur opposer une fin de non-recevoir.

4. *Ibid.*

des personnalités les plus respectées du barreau d'Aix, professeur de droit à la Faculté, dut quitter le Conseil de l'Ordre en application du statut des Juifs. Il écrivit au Conseil :

« J'ai le cœur serré en pensant que mon père et mon grand-père ont été tous deux membres du Conseil de l'Ordre et bâtonniers (...). Je me suis acquitté dignement aussi de mon devoir à l'égard de la Patrie au cours de la guerre 1914-18 (...). Dégagé des obligations militaires en 1930, j'ai contracté un engagement volontaire au cours de la guerre 1939-40. C'est tristement, mais avec le sentiment d'avoir fait tout mon devoir, que je cesse de faire partie de votre Conseil[1]. »

Le 20 janvier 1941, le bâtonnier Crémieu demanda au Conseil sa réintégration, laquelle fut décidée à l'unanimité. Par la suite, en 1943 et 1944, il fut à deux reprises arrêté par les Allemands. À chaque fois, le Conseil effectua auprès de la Kommandantur et de la sous-préfecture des démarches en vue d'obtenir sa libération, qui fut accordée. À Aix comme à Paris éclatait ainsi la différence de traitement dont bénéficiaient les notables israélites du Barreau, que l'Ordre considérait comme siens, par rapport aux autres avocats juifs, au premier chef les naturalisés ou enfants d'immigrés, auxquels les lois d'exclusion étaient appliquées sans états d'âme[2].

---

1. P.-V. de la séance du Conseil de l'Ordre, 20 janvier 1941. Archives, p. 313. Le Conseil rappelle à cette occasion ses titres militaires, universitaires, et souligne qu'il est l'auteur d'un Traité sur la profession d'avocat.

2. Outre le cas cité, deux avocats, fils d'immigrés, juifs, furent exclus de l'Ordre par application de la loi du 10 septembre 1940.

Le 22 juillet 1941, le Conseil de l'Ordre se rend en cortège, en robes noires et gants blancs, à la cérémonie donnée en l'honneur de la venue à Aix du maréchal Pétain[1]. Le 2 septembre de la même année, il délibère sur le sort des avocats juifs du barreau d'Aix. Le bâtonnier Crémieu bénéficiant pour sa part des dispositions relatives aux anciens combattants, le Conseil estime n'avoir aucune demande à présenter concernant le maintien à titre exceptionnel d'avocats juifs en raison de leurs mérites professionnels. Il formule néanmoins des avis motivés sur les deux avocats juifs qu'il souhaite voir maintenir par priorité dans le cadre du *numerus clausus*[2].

Dans les autres barreaux de la Cour d'Aix, notamment à Marseille, il est procédé aux mêmes opérations de vérification et de sélection nécessaires à la mise en œuvre du décret du 16 juillet 1941.

À Marseille, le 8 octobre 1941, le Conseil de l'Ordre se réunit sous la présidence du Bâtonnier. Celui-ci met le Conseil au courant de l'entretien qu'il a eu, à Aix, avec le procureur général « au sujet des avocats israélites et du *numerus clausus* (...). Le Conseil décide d'arrêter la liste des avocats juifs, non d'après l'ordre du Tableau, mais d'après celui de ses préférences ». Il rend ainsi un avis motivé sur chacun des avocats juifs du barreau de Marseille, en distinguant les avis « très favorables » (pour un ancien bâtonnier et un ancien premier secrétaire de la Conférence « à

1. P.-V. de la séance du 22 juillet 1941, Archives du Conseil de l'Ordre, p. 328. Dans le compte-rendu, le Conseil relève avec humeur « qu'il n'a pas été placé comme il convenait ».

2. P.-V. de la séance du 25 septembre 1941. Archives du Conseil de l'Ordre, p. 332.

l'ascendance exclusivement française justifiée depuis plus de cinq générations, qui, quoique juridiquement considéré comme juif, appartient depuis 1913 à la religion catholique »), les avis « favorables » pour quatre autres avocats, et des avis « défavorables » pour les autres[1].

En possession de tous « les avis motivés émis par chacun des Conseils de l'Ordre sur le cas individuel de chacun des avocats juifs », la Cour d'appel d'Aix statua en assemblée générale, le 5 mars 1942[2]. L'ensemble du ressort comptait 775 avocats non juifs. La Cour maintint en conséquence en exercice seize avocats juifs, inscrits ou stagiaires, pour toute la Cour d'appel. En considération de leurs titres militaires, quinze d'entre eux bénéficiaient en priorité du maintien. Un seul autre, du barreau d'Aix-en-Provence, fut maintenu dans le cadre du *numerus clausus*. Un stagiaire juif, en surnombre du *numerus clausus*, fut omis du Tableau[3]. Cinq avocats juifs furent éliminés au barreau de Marseille, quatre au barreau de Nice et un dans les barreaux de Grasse, Draguignan et Toulon[4].

Dans le ressort de la Cour d'appel de Lyon, la mise en œuvre du *numerus clausus* fut promptement conduite. Début octobre 1941, le Conseil de l'Ordre de Lyon examina la situation des avocats juifs. On comptait 317 avocats non juifs dans le ressort de la

---

1. P.-V. de la séance du Conseil de l'Ordre des avocats au barreau de Marseille du 8 octobre 1941. Archives du Conseil de l'Ordre.
2. Registre des arrêts de la Cour d'appel d'Aix du 5 mars 1942.
3. P.-V. de la séance du Conseil de l'Ordre des avocats au barreau d'Aix-en-Provence du 24 avril 1942. Archives du Conseil de l'Ordre, p. 360.
4. Registre des arrêts de la Cour d'appel d'Aix du 5 mars 1942.

Cour d'appel, et 6 avocats juifs au barreau de Lyon. Le Conseil de l'Ordre proposa donc l'exclusion du dernier inscrit, une jeune stagiaire, en rappelant cependant que celle-ci avait été « de beaucoup la plus assidue aux consultations gratuites pour les indigents...[1] » Le 1er décembre 1941, la Cour d'appel de Lyon suivit l'avis du Conseil de l'Ordre. Le 17 décembre, le Bâtonnier de l'Ordre notifia à l'intéressée l'arrêt rendu par la Cour, « aux termes duquel vous devez cesser l'exercice de votre profession parce qu'étant de race juive [*sic*][2] ». La jeune avocate ne se tint pas pour battue. Elle savait qu'une nouvelle promotion de stagiaires allait être admise au barreau avant la fin de l'année 1941 ; de ce fait, le nombre des avocats non juifs se trouverait porté à 327, et le *numerus clausus* passerait de 6 à 7 avocats juifs. Elle présenta donc une requête à la Cour d'appel afin d'être réintégrée au barreau de Lyon. Par arrêt du 12 janvier 1942, la Cour lui donna satisfaction, et elle put reprendre sa place au sein de l'Ordre.

Un problème particulier se posait aux barreaux de zone libre. Une loi du 29 juillet 1941[3] permettait aux avocats des barreaux des territoires annexés (Alsace, Lorraine) ou occupés, réfugiés en zone libre, d'y exercer leur profession en s'inscrivant dans les barreaux de cette zone. Certains avocats juifs venus de zone occupée ayant demandé à bénéficier de cette faculté,

1. Lettre du doyen de l'Ordre à l'intéressée, du 8 octobre 1941, communiquée par celle-ci.
2. Lettre du bâtonnier à Mademoiselle *X*..., 17 décembre 1941, communiquée par celle-ci.
3. *J.O.* du 14 août 1941, p. 3396.

le législateur de Vichy leur en refusa la possibilité[1]. Restait une question : un avocat juif, ancien combattant de 1914-18, ou décoré en 1939-40, donc apte à exercer sa profession, pouvait-il être, comme les autres avocats réfugiés, admis à un barreau de la zone libre ?

Cinq avocats juifs du barreau de Paris qui avaient été ainsi maintenus au Tableau en considération de leurs titres militaires, et qui s'étaient réfugiés dans le Midi de la France, demandèrent à être inscrits à titre temporaire au barreau de Marseille. Le Conseil de l'Ordre s'y refusa, le 20 avril 1942, en alléguant que le quota de 2 % d'avocats juifs prévu par le décret du 16 juillet 1941 étant atteint à Marseille, on ne pouvait y admettre d'autres avocats juifs, même à titre temporaire. La décision fut infirmée en juillet 1942 par la Cour d'appel d'Aix qui prononça l'admission de ces avocats à titre temporaire. L'irritation fut vive au barreau de Marseille. Une note du 12 août 1942 du C.G.Q.J. rapporta l'affaire en critiquant la décision de la Cour : « Un barreau peut supporter une proportion limitée d'Israélites, soit 2 %. Au-delà, l'élément juif devient néfaste et ne peut être assimilé sans graves inconvénients[2]. » Malgré cette réaction du C.G.Q.J., la situation créée par l'arrêt de la Cour demeura en l'état.

À Limoges, un avocat juif du barreau de Mulhouse[3],

1. Cf. Loi du 31 octobre 1941, *J.O.* du 15 novembre 1941, p. 4918.

2. C.G.Q.J., note du 12 août 1942, C.D.J.C., CVIII-11/12.

3. L'admission de M^e^ *X*, du barreau de Mulhouse, suscita une longue correspondance entre le garde des Sceaux et le C.G.Q.J. Ce dernier soutenait que la décision de la Cour d'appel de Limoges confirmant la décision du Conseil de l'Ordre d'admettre M^e^ *X* au

et, à Grenoble[1], un avocat juif du barreau de Paris furent admis au Tableau par le Conseil de l'Ordre à titre provisoire. En revanche, à Toulouse, le Conseil de l'Ordre refusa l'inscription temporaire d'un avocat juif du barreau de Lille qui n'était pas ancien combattant au motif que, selon la loi, « le nombre d'avocats israélites inscrits au 25 juin 1940 ne peut être augmenté[2] ».

En définitive, en province comme à Paris, à aucun moment de la procédure à laquelle participaient les Conseils de l'Ordre ne fut élevée la moindre protestation contre la loi excluant du Barreau des avocats juifs qui n'avaient en rien démérité. Aucune déclaration de principe ne fut formulée, aucun geste de solidarité collective ne fut esquissé au profit des confrères que l'on éliminait ainsi. « Le décret du 16 juillet 1941 fut appliqué dans toute sa rigueur, sans protestation de la part des juristes, avec la participation des instances professionnelles et juridictionnelles qui donnèrent ainsi l'impression de légitimer les mesures d'exclusion décidées par le gouvernement de Vichy[3]. »

---

barreau de Limoges était « illégale » (*sic*). (Lettre du C.G.Q.J., 1er mai 1942, C.D.J.C.-XXIII 5a). Le garde des Sceaux précisa dans sa réponse que seulement deux avocats juifs réfugiés d'Alsace-Lorraine, dont Me *X*, anciens combattants tous deux, avaient été admis à titre temporaire dans les barreaux de zone libre. (Lettre du 8 juillet 1942 du garde des Sceaux, C.D.J.C., XXIII, 5b).

1. P.-V. du Conseil de l'Ordre des avocats du barreau de Grenoble, séance du 4 mai 1942. L'intéressé, avocat au barreau de Paris, était un héros de la guerre de 1914-18 (sept citations, officier de la Légion d'honneur à titre militaire).

2. P.-V. du Conseil de l'Ordre des avocats du barreau de Toulouse, 29 septembre 1941.

3. J.-L. Halperin, « La législation de Vichy relative aux avocats et aux droits de la défense », *op. cit.*, p. 153.

CHAPITRE VI

L'étoile jaune

Au printemps de 1942, la guerre changeait de cours. Certes, l'armée allemande avait repris l'offensive et s'enfonçait toujours plus loin en Union soviétique ; mais l'hiver russe avait été cruel pour la Wehrmacht et l'Armée rouge se révélait invincible. En Afrique, même si Rommel remportait encore des victoires, l'armée anglaise faisait face. Surtout, l'entrée en guerre des États-Unis avait changé l'opinion. Les succès initiaux des Japonais, leurs conquêtes en Asie ne pouvaient rien contre la foi en la toute-puissance américaine que les souvenirs de 1917-18 avaient enracinée dans la mémoire collective des Français.

À mesure que la guerre se prolongeait, l'occupation devenait plus brutale, la vie quotidienne plus difficile, la présence des Allemands plus odieuse à la masse des Français. Les collaborateurs tenaient encore le haut du pavé, mais pour combien de temps ? Pour autant, la Résistance commençait seulement à s'organiser. Le maréchal Pétain jouissait encore d'un prestige considérable. Si le retour de Pierre Laval à la tête du gouvernement en juin 1942 avait choqué et inquiété les Français, il leur paraissait imposé à Pétain par Hitler.

S'agissant des Juifs, à Paris, la persécution va croissant. Sur les affiches rouges apposées aux murs ou dans le métro, où figurent les noms d'individus fusillés à titre de représailles contre les actions « terroristes », les noms de Juifs à consonance étrangère sont toujours nombreux. Les arrestations se multiplient. Le 7 février 1942, la sixième ordonnance allemande contre les Juifs leur interdit de quitter leur domicile entre 8 heures du soir et 6 heures du matin. Le 2 mars, un communiqué de la Préfecture de police, publié dans la presse, prescrit la déclaration de tous les enfants juifs, français ou étrangers, jusqu'à l'âge de quinze ans. Le 14 mai, la police se rend au domicile des Juifs pour procéder à la confiscation des bicyclettes, qu'ils n'ont plus le droit d'utiliser[1]. En juillet, les mesures de ségrégation ordonnées par les Allemands se précipitent : interdiction aux Juifs de fréquenter les théâtres et les cinémas, les musées et les monuments historiques, les terrains de sports et les jardins publics. Ils n'ont le droit d'emprunter que la dernière voiture des rames de métro. L'accès aux magasins d'alimentation leur est fermé, sauf à certaines heures de l'après-midi, alors que les rayons sont déjà vides en ces temps de pénurie[2]. Mais la mesure essentielle, la marque infamante, celle qui doit publiquement stigmatiser les Juifs et les individualiser en tous lieux, est le port de l'étoile jaune.

Dès le mois de décembre 1941, le commandement militaire allemand avait annoncé aux autorités de

1. Sur les événements tels qu'ils étaient vécus au quotidien par un Juif, cf. J. Bielinky, *Journal 1940-42*, pp. 180-211. Cf. Rita Thalmann, *La Vie des Juifs sous l'Occupation*, XXX.
2. Cf. Marrus et Paxton, *op. cit.*, p. 222.

Vichy son intention d'imposer aux Juifs le port d'une étoile jaune cousue sur leur vêtement, comme celle existant dans le Reich et en Pologne occupée. Darlan avait dit son opposition à ce genre de mesure « qui ne pourrait que choquer profondément l'opinion publique française » et « risquerait de provoquer un mouvement en faveur des Israélites, considérés comme des martyrs[1] ».

Les Allemands étaient résolus à imposer le port de l'étoile jaune dans les territoires occupés. Les Juifs devaient pouvoir, en tout endroit, être identifiés comme tels. Se posait cependant un problème particulier : il y avait en France des ressortissants juifs d'États neutres, ou d'États belligérants comme les États-Unis, ou d'alliés du Reich comme l'Italie. Impossible de leur imposer le port de l'étoile, sauf à s'exposer à des mesures de représailles ou à des difficultés diplomatiques. Mais alors, en France, des Juifs français porteraient le signe infamant auquel des Juifs étrangers ne seraient pas astreints ? Le gouvernement de Vichy protesta et refusa d'imposer l'étoile en zone libre[2].

Les Allemands décidèrent donc d'agir seuls. À dater du 7 juin 1942, tous les Juifs âgés de plus de six ans durent porter, à gauche de leur vêtement, dans la région du cœur, une étoile jaune sur laquelle était inscrite en lettres noires gothiques le mot « Juif ».

1. C.D.J.C., V-64.

2. L'étoile jaune ne fut jamais imposée en zone libre, même après son occupation par les Allemands en novembre 1942. Mais, le 11 décembre 1942, Vichy ordonna que les cartes d'identité et d'alimentation délivrées aux Juifs portent la mention « JUIF » en gros caractères. Cf. Marrus et Paxton, *op. cit.*, p. 240 ; Léon Poliakov, *L'Étoile jaune*, Paris, Éd. du Centre, 1949.

Pétain demanda que des « discriminations naturelles et nécessaires » fussent opérées en zone occupée parmi les Juifs. Georges Scapini, grand mutilé de guerre 1914-18, en charge de la protection des prisonniers de guerre français, réclama que les anciens combattants décorés fussent exemptés, de sorte qu'on ne vît point d'étoile jaune à côté de décorations. Il s'entendit répondre qu'il suffisait d'interdire aux Juifs de porter leurs décorations[1]. Tout au plus les Allemands accordèrent-ils quelques très rares dérogations individuelles sollicitées par Pétain et Laval.

Darlan ne s'était pas trompé. L'opinion publique française ressentit le port de l'étoile jaune comme une preuve de barbarie, un retour au Moyen Âge. L'antisémitisme se montrait à nu comme une pratique odieuse, une volonté d'humiliation que l'on découvrait sur les plus innocentes victimes : un enfant, un vieil homme décoré marchant dans la rue et portant l'étoile jaune. Les rapports de police confirmèrent l'hostilité générale à la mesure[2]. Un agent de renseignement indiquait : « Les étoiles juives soulèvent une indignation unanime. Cette mesure est condamnée même par des antisémites, en particulier le fait que les enfants soient obligés de porter cet insigne[3]. »

Quelques avocats et avocates juifs maintenus au Barreau en raison de leurs titres militaires ou de ceux de leurs pères ou maris se rendaient encore au Palais

---

1. Cf. Marrus et Paxton, *op. cit.*, p. 222.
2. *Ibid.*, pp. 222-223 et notes en référence sur les multiples témoignages de sympathie et de solidarité de la population française envers les Juifs porteurs de l'étoile.
3. Cité in Serge Klarsfeld, *L'étoile des Juifs*, Éd. de L'Archipel, Paris, 1982, pp. 112-113.

de Justice. Allait-on voir l'étoile jaune, signe d'infamie, cousue sur la robe noire, symbole de la défense ? L'ordonnance allemande ne comportait aucune dérogation. « On [sans doute le C.G.Q.J.] me fit savoir qu'ils devraient porter l'étoile jaune sur la robe, écrit le bâtonnier Charpentier. Je refusai d'appliquer la prescription[1]. » Ainsi l'obligation faite aux avocats juifs ne fut-elle jamais affichée dans les locaux de l'Ordre. Mais les Allemands, pour leur part, se montraient irréductibles. Le Dr Zeitschel, de l'ambassade d'Allemagne, écrivit à ce sujet à Dannecker, à la Gestapo : « Eu égard au fait que les plus néfastes agitateurs parmi les Juifs se trouvent, dans tous les pays d'Europe, notamment chez les avocats, je proposerai de ne pas avoir d'égards envers la robe et d'introduire également l'obligation d'y porter l'étoile juive[2]. »

Certains avocats juifs refusèrent de se soumettre. Le 15 juillet 1942, le lieutenant S.S. Röthke, successeur de Dannecker, fit savoir au C.G.Q.J. : « À plusieurs reprises, notre attention a été attirée sur le fait que des notaires, avocats et avoués juifs ne portaient l'étoile jaune ni au Palais de Justice, ni devant les autres tribunaux. Je vous demande de faire vérifier l'exactitude de ces informations et de me signaler les cas d'infractions, avec l'adresse des intervenants[3]. »

Tous les avocats ressentirent l'obligation de porter l'étoile jaune sur la robe comme un outrage à l'ensemble de la profession. Certains envisagèrent une

1. Jacques Charpentier, *op. cit.*, p. 154.
2. Cité in Serge Klarsfeld, *L'étoile des Juifs, op. cit.*, p. 110.
3. C.D.J.C., XXIII-6. Le C.G.Q.J. répondit que le Palais étant en vacances de juillet à octobre, l'enquête envisagée ne pourrait donner aucun résultat. C.D.J.C., CXV-80.

action collective. Zeitschel en informa le S.D. : « Le Comte de Brinon, secrétaire d'État, a appris que les avocats et notaires français projettent un manifeste et recueillent des signatures dans l'intention de faire exempter leurs collègues juifs du port de l'étoile. Darquier de Pellepoix a l'intention de faire arrêter tous les avocats qui prendront part à cette action. Prière au S.D. de prêter son appui à cette mesure énergique. » Dannecker porta en marge la mention : « A Drancy[1] ! ».

Le journal antisémite *Le Cri du Peuple* s'indignait de cette solidarité : « Si Israël est fier de quelque chose, c'est d'être lui-même. Quant à être gêné par l'étoile jaune, il n'y avait qu'à voir, hier après-midi, la façon dont cette avocate juive, fièrement campée sur les marches de la Cour d'appel, en robe et le morceau de satin jaune bien placé au-dessus du cœur, dévisageait avec mépris ceux qui la coudoyaient. Assistée de quelques pécores aryennes, elle semblait la statue de l'orgueil haineux[2]. »

Ah ! la fière image !

Le temps des déportations

Les mesures de ségrégation, de fichage, de marquage annonçaient celles qui avaient été préparées dès le mois de mars 1942 par Eichmann et le S.D. de Paris. L'été suivant devait être celui de la déportation de 50 000 Juifs de France dans le cadre de la « solu-

1. Cf. S. Klarsfeld, *op. cit.*, p. 111.
2. *Ibid*, p. 110.

tion finale » décidée par Hitler. De fait, l'été 1942 fut celui des grandes rafles du Vel' d'Hiv', de l'arrestation de milliers de Juifs en zone occupée, de la livraison par Vichy aux Allemands de milliers d'autres, enfants compris, se trouvant en zone libre, pour être déportés dans les territoires de l'Est. Les scènes terribles qui se déroulèrent au cours de ces mois-là, l'arrestation des enfants, les wagons fermés où l'on entassait dans les pires conditions ces malheureux et qui circulaient à travers la France, tous ces crimes contre l'humanité révoltèrent les consciences et brisèrent le mur du silence qui avait jusque-là entouré la persécution des Juifs.

Les églises retentirent de la parole de Mgr Saliège, archevêque de Toulouse : « Les Juifs sont des hommes, les Juives sont des femmes (...). Ils font partie du genre humain. Ils sont nos frères, comme tant d'autres[1]... », de Mgr Théas, archevêque de Montauban, de Mgr Delay, évêque de Marseille. Le cardinal Gerlier, primat des Gaules, publia une protestation, l'Assemblée annuelle de l'épiscopat rédigea une déclaration qui fut remise au Maréchal. Sans doute – sauf dans le cas de Mgr Saliège –, le loyalisme envers le régime y était-il toujours affirmé et l'on évoquait en termes discrets l'existence d'un problème juif à résoudre. Sans doute ces protestations des hautes autorités religieuses furent-elles loin d'être générales (en zone occupée, leur silence demeurait absolu). Sans doute n'avaient-elles pas l'éloquence de la déclaration du pasteur Boegner lue dans les temples protestants, le 22 septembre 1942. Mais elles furent large-

1. Cf. Marrus et Paxton, *op. cit.*, pp. 252-253.

ment diffusées, notamment dans des milieux catholiques traditionnellement antisémites. Elles contribuèrent à transformer l'opinion vis-à-vis des Juifs.

On savait dorénavant qu'était à l'œuvre non plus un antisémitisme « à la française » distinguant les « bons » Israélites français assimilés de longue date et les insupportables Juifs immigrés ; mais bien une chasse à l'homme. Et cette traque, poursuivie sans merci par les nazis avec le concours de la police française, faisait horreur et peur à ceux qui la découvraient. Ce visage de l'Allemagne hitlérienne était celui du responsable de tant de morts et de souffrances infligées à la population française dans une France totalement occupée depuis novembre 1942. Et comme les exactions et les violences des Allemands se multipliaient à l'encontre des non-Juifs, une solidarité silencieuse, quotidienne, aux formes diverses, surmontant la peur et l'égoïsme, allait permettre à une large majorité de Juifs vivant en France d'échapper à la mort programmée à laquelle Hitler et ses agents les avaient voués[1].

Ce changement d'opinion et d'attitude envers les Juifs, le Barreau le connut aussi. Déjà, au mois de mai 1942, alors que Xavier Vallat avait cessé d'être commissaire général aux Questions juives, le Conseil de l'Ordre des avocats de Paris avait refusé pour la

1. Selon Serge Klarsfeld (*Le Calendrier de la persécution des Juifs de France, 1940-1944*, *op. cit.*, pp. 1125-1127), sur une population d'environ 330 000 Juifs vivant en France pendant les années 1940-1944, plus de 75 500 furent déportés, dont 2/3 d'étrangers et 1/3 de Français ; 2 500 revinrent des camps.

première fois de donner son avis motivé à la Cour d'appel sur une liste de confrères juifs en déclarant

> « que l'avis prévu par le décret ne peut avoir d'autre objet que de déterminer le choix des avocats juifs à maintenir au Tableau dans la limite prévue par la loi ;
> « qu'en ce qui concerne le barreau de Paris, cette limite est déjà dépassée en raison du nombre des avocats maintenus par priorité en vertu des précédentes décisions de la Cour[1] ».

Le ton se fit plus sec, à l'automne 1942, lorsque le Conseil apprit le refus de Darquier de maintenir au barreau de Paris les avocats juifs choisis au regard de leurs mérites professionnels : « Le Conseil (...) exprime le regret que cette demande concernant quatorze avocats ait été rejetée d'une façon systématique qui ne paraît pas conforme au vœu de la loi[2]. »

Le 12 octobre 1942, le commissariat général aux Questions juives demanda au procureur général « de lui adresser, en vue de statistiques [*sic*], la liste nominale des avocats juifs inscrits au barreau de Paris, fréquentant instamment le Palais et y plaidant[3] ». Le procureur général s'empressa de transmettre la lettre au Bâtonnier, en se gardant bien de répondre lui-même à cette demande de renseignements. En fait, les services de Darquier attendaient qu'on leur dénonçât les avocats juifs encore en activité au Palais. Or chacun savait, après l'été 1942, que cela risquait de signifier leur arrestation à bref délai. Le bâtonnier Charpentier

1. P.-V. de la séance du 27 mai 1942. Archives du Conseil de l'Ordre.
2. P.-V. de la séance du 27 octobre 1942. Archives du Conseil de l'Ordre.
3. C.D.J.C., CVIII-13.

refusa de se prêter à cette besogne. Le 16 octobre 1942, il fit savoir au procureur général :

« En réponse à votre communication récente relative aux avocats juifs, je ne puis que vous demander de vous référer à la liste des avocats juifs maintenus au Barreau par priorité. Je crois qu'un certain nombre de ces avocats sont actuellement en zone libre, ou tout au moins ont cessé d'exercer activement leur profession. Mais je n'ai aucun moyen de vous indiquer avec certitude quels sont ceux qui fréquentent encore les audiences (...). Pour répondre à votre question, il faudrait exercer sur chacun des intéressés un contrôle individuel qui ne rentre ni dans mes possibilités, ni dans mes attributions[1]. »

Le C.G.Q.J. dépêcha alors au Palais un de ses agents, Ziegler de Loes. Celui-ci fut reçu par l'avocat général Dardot qui, le connaissant « de longue date » (*sic*), lui remit aussitôt la liste des avocats juifs, anciens combattants ou proches d'anciens combattants, maintenus au Barreau postérieurement au 2 janvier 1942. Dans un rapport « confidentiel » en date du 26 octobre 1942, adressé au cabinet de Darquier et évoquant la question du port de l'étoile, Ziegler de Loes précise que l'avocat général lui « a confié que le Bâtonnier avait mis de la mauvaise volonté à se soumettre aux ordres [*sic*] que Monsieur le procureur général Cavarroc lui avait donnés à ce sujet. Celui-ci m'a d'ailleurs reçu lui-même et, en présence de Monsieur l'avocat général Dardot, m'a déclaré qu'"... il y a douze ou quatorze avocats juifs plaidant couramment au Palais. Ils ne portent pas l'étoile, volontairement,

1. C.D.J.C., CVIII-13.

malgré les observations faites." Monsieur l'avocat général Dardot a constaté le fait depuis la présente rentrée. M. Dardot tiendra à la fin de cette semaine la liste de ces avocats à ma disposition[1]... »

Les autorités allemandes revinrent à la charge. Le 17 mars 1943, le C.G.Q.J., « à la demande urgente des autorités d'occupation », écrivit au bâtonnier Charpentier pour obtenir dans les plus brefs délais la liste des avocats juifs autorisés à exercer à Paris. Le 16 avril, le Bâtonnier répondit : « Les avocats juifs du barreau de Paris autorisés à exercer leur profession par les arrêts de la Cour d'appel de Paris rendus sur réquisitions du procureur général sont au nombre de 92. Tous sont anciens combattants ou prisonniers, ou femmes de prisonniers, ou veuves de guerre, ou mères de soldats tombés face à l'ennemi[2]... »

Lorsqu'il signa cette lettre, le bâtonnier Charpentier avait déjà rejoint le réseau de résistance qui s'était créé au Palais. Le rappel des procédures, des chiffres, des catégories revêtait, au regard de la terrible réalité, un aspect tragiquement dérisoire. Ces avocats juifs exclus du Barreau, qu'étaient-ils devenus dans la tourmente ? Combien avaient quitté Paris, la France ? Combien avaient rejoint les Forces françaises libres ou gagné les premiers maquis ? Combien se cachaient sous de fausses identités, échappant aux rafles et aux

1. C.G.Q.J., 26 octobre 1942. C.D.J.C., CVIII-13.

2. Lettre du Bâtonnier de l'Ordre des avocats à la Cour de Paris, 17 avril 1943. Étaient joints à la lettre « les renseignements demandés sur chacun d'eux, à l'exception de la situation de famille dont l'Ordre ne tient pas état », C.D.J.C., CVIII-15. Trois autres avocats juifs seront ultérieurement autorisés par la Cour d'appel à exercer leur profession, leur qualité d'anciens combattants ayant été (tardivement) reconnue par la Cour d'appel.

arrestations grâce à des amis dévoués ou à des voisins courageux ? Combien avaient été internés, déportés ? Une poignée d'entre eux persistèrent, en dépit de tous les dangers, par obstination ou nécessité, à exercer leur profession, parfois même à plaider devant des magistrats silencieux. Quelques-uns tinrent bon jusqu'à la Libération et échappèrent miraculeusement au destin qui les guettait.

Épilogue

Le retour

À l'automne qui suivit la Libération, les avocats juifs revinrent peu à peu au Palais. Beaucoup manquaient : ceux qui avaient été déportés, ceux qui poursuivaient le combat, les prisonniers de guerre, et les exilés qui n'avaient pas regagné la France.

La vie judiciaire avait repris son cours. Il fallait régler le sort des avocats juifs exclus du Barreau. La plupart n'avaient plus ni installation professionnelle ni clientèle. L'ordonnance du 9 août 1944 relative au rétablissement de la légalité républicaine précisait (art. 3) : « Est expressément constatée la nullité des actes (...) qui établissent ou appliquent une discrimination quelconque fondée sur la qualité de Juif ». Le 19 septembre 1944, le Conseil de l'Ordre de Paris tint séance. Il décida que les avocats juifs qui réclameraient le bénéfice de l'ordonnance du 9 août 1944 verraient leur nom rétabli sur le Tableau, à leur rang[1]. Il incombait ainsi aux avocats juifs qui avaient été exclus du Barreau par le législateur de Vichy de demander individuellement à l'Ordre de les inscrire à nouveau.

---

1. P.-V. de séance, 19 septembre 1944. Archives du Conseil de l'Ordre.

Le 2 octobre 1944, l'Assemblée générale de la Cour d'appel de Paris se réunit à huis clos dans la salle d'audience de la 1re Chambre. Sur réquisition du Procureur général, la Cour :

« Vu les dispositions de l'ordonnance du 9 août 1944 portant rétablissement de la légalité républicaine,

« considérant que les dispositions de la loi du 2 juin 1941 portant statut des Juifs, et un décret du 16 juillet 1941 réglementant la profession d'avocat en ce qui concerne les Juifs, se trouvent annulées par la susdite ordonnance...,

« annule les arrêtés des Assemblées de la Cour de 1942 et 1943, qui avaient exclu « certains avocats juifs et maintenu provisoirement d'autres au barreau[1] ».

Restaient à régler certaines questions matérielles. D'abord, celle de la prise en compte des années d'exclusion dans le calcul des pensions de retraite. Le Conseil de l'Ordre décida que, « pour bénéficier du régime des retraites, les avocats juifs devront régler les cotisations échues pendant la période de suspension d'exercice, sauf ceux qui auront été détenus ou déportés[2] ». À ce degré d'infortune s'arrêtait la solidarité des barreaux. Quant à ceux qui avaient eu la chance d'échapper à l'arrestation et à la déportation, il leur incombait d'acquitter les cotisations afférentes aux années où il leur avait été interdit d'exercer non seulement le métier d'avocat, mais, en fait, toute activité. On ne pouvait être plus soucieux des finances de

1. Arrêt de la Cour d'appel de Paris, 2 octobre 1944. Annexe.
2. P.-V. de séance, 19 septembre 1944. Archives du Conseil de l'Ordre. (Souligné par nous.)

la Caisse de retraite du Barreau, ni plus indifférent au sort de ces exclus[1].

À l'automne de 1944, certains avocats juifs s'avisèrent de demander à l'État l'indemnisation du préjudice qu'ils avaient subi du fait de leur exclusion du Barreau. Le 9 octobre, le procureur général écrivit au bâtonnier de Paris : « Me X..., avocat à la Cour de Paris, a demandé à la Chancellerie une indemnité en réparation du préjudice que lui a causé sa radiation d'office du Barreau, prononcée en 1942 par l'autorité de fait se disant gouvernement de l'État français. J'ai l'honneur de vous prier de bien vouloir informer Me X... qu'en l'état actuel de la législation, *il n'est pas possible d'envisager la réparation des préjudices de la nature de celui qui a causé son éviction du Barreau*[2]. »

Le reste de l'histoire ne concernait plus que le monument aux morts du Barreau.

La cérémonie

Le 11 juillet 1946 se déroula au Palais de Justice de Paris une cérémonie solennelle à la mémoire des avocats à la Cour d'Appel de Paris morts pour la France pendant la guerre de 1939-45. Dans la bibliothèque de l'Ordre des avocats, aux côtés du nouveau bâtonnier, Marcel Poignard, et des membres du Conseil, les personnalités les plus importantes du monde judiciaire

1. Dans sa séance du 29 mai 1945, le Conseil de l'Ordre décida « d'allouer aux prisonniers et déportés rapatriés d'Allemagne avant le 24 avril 1945 une prime [*sic*] de 1 200 francs ». Archives du Conseil de l'Ordre de Paris.

2. Archives du ministère de la Justice. (Souligné par nous.)

étaient réunies : le garde des Sceaux, Pierre-Henri Teitgen, le vice-président du Conseil d'État, René Cassin, le premier président de la Cour de Cassation, Mongibeaux, et de nombreux hauts magistrats. Une foule considérable d'avocats se pressait dans la salle. Les familles des disparus étaient présentes, au premier rang.

Le bâtonnier Poignard prit la parole pour rappeler le souvenir de ceux qui étaient morts dans les combats de 1939-40, de la Libération ou des ultimes batailles de 1944-45 ; il évoqua ensuite le sacrifice des résistants, le martyre des déportés. Lorsque le Bâtonnier eut achevé son discours, deux avocats, Étienne Millet, président du groupe des Anciens Combattants du Palais, et Charles Marcepoil, ancien déporté politique, dévoilèrent deux plaques de marbre noir sur lesquelles étaient gravés en lettres d'or les noms des morts. Elles encadraient la grande plaque portant les noms des avocats morts pour la Patrie pendant la guerre de 1914-18. Sur la première, à gauche du monument, étaient gravés les noms des 25 avocats à la Cour de Paris « *tués ou morts en captivité* au service de la Patrie ». Sur l'autre plaque, à droite du monument, étaient inscrits les noms des 63 avocats « *fusillés, morts en déportation ou disparus* au service de la Patrie[1] ». À l'appel de chacun des noms, selon l'usage, une voix s'élevait pour dire en écho : « Mort pour la France ».

1. Il est difficile de préciser avec certitude combien d'entre eux étaient juifs. Au regard des archives du Conseil de l'Ordre, au moins 46 sur 63 devaient être considérés comme tels selon les lois de Vichy.

Singulièrement, l'Ordre des avocats avait ainsi choisi de séparer en deux groupes la communauté de ses morts, de part et d'autre du monument, comme s'il y avait lieu de distinguer, d'un côté ceux qui étaient tombés sous l'uniforme, de l'autre ceux qui étaient morts fusillés ou torturés par l'occupant, exterminés dans les camps de concentration ou disparus dans la nuit et le brouillard de la déportation.

Dans son propos, ce jour-là, le bâtonnier Poignard s'appliqua à justifier cette distinction entre des avocats également « morts au service de la Patrie ». Après avoir évoqué les avocats « tombés les armes à la main dans le bruit des batailles » 1914-18, il s'écria : « Ceux-ci, “morts pour la France” de 1939 à 1945, n'ont pas la consolation d'être confondus dans les mêmes regrets, d'être associés dans les mêmes louanges (...). Moins d'un tiers d'entre eux ont eu, faut-il dire le privilège ? (...) d'être tués à leur poste, sous l'uniforme des combattants. D'autres ont été percés de balles, les mains garrottées, debout contre un mur. Le plus grand nombre fut emporté, déporté par la haine vers des espaces où le silence régnera toujours sur leur disparition[1]... » Après avoir décrit les « pitoyables cortèges » des déportés, le Bâtonnier déclara : « Mourir pour son pays, c'est verser son sang pour que soit sauvegardée l'intégrité du sol natal, mais c'est aussi périr en acceptant, sans une plainte, que retombe sur soi une plus large part des malheurs communs... » Et le bâtonnier Poignard forma, « des traits empruntés à

1. Discours prononcé par M. Marcel Poignard, bâtonnier de l'Ordre des avocats, « à la mémoire des avocats à la Cour de Paris morts pour la France, 1939-1945 », le 11 juillet 1946, Imprimerie du Palais, p. 9.

chacun d'eux (...), une figure qui rassemble leurs divers mérites[1] » : celle de Pierre Masse, dont il évoqua longuement la mémoire. Il retraça ensuite l'attente des familles, espérant toujours, malgré l'évidence, le retour des « absents ». Enfin, face à l'Ordre rassemblé en cet instant solennel, il s'exclama : « Il a été commis là des crimes inexpiables contre la fraternité humaine et il n'est point de pays au monde où de tels attentats aient eu un plus grand retentissement que sur notre sol, cette terre d'accueil, cet asile de la tolérance, ce refuge des proscrits. Et nulle part en France même, l'indignation n'a été plus vive qu'au sein de notre barreau, rempart suprême des libertés. Ce fut en tout temps la règle de notre Ordre que le rejet de toute différence entre des confrères qui prêtent le même serment, revêtent la même robe, se consacrent au même service de la Justice et au même culte du Droit[2]... »

Par la grâce d'un talent éprouvé, le bâtonnier Poignard réussit, au fil d'un discours qui dura près de deux heures, à évoquer le sort des avocats juifs disparus sans jamais prononcer le mot « Juif » ni même celui d'« Israélite ». Ceux-ci avaient sans doute trop résonné dans le Palais et jusque dans les locaux de l'Ordre, au long des années noires.

Quand le bâtonnier eut achevé sa péroraison, de longs applaudissements s'élevèrent de la foule des avocats massés dans la bibliothèque. Tout n'avait-il pas été dit par le chef de l'Ordre, avec la force de conviction et l'éloquence propres aux avocats ?

1. *Ibid.*, pp. 24-25.
2. *Ibid.*, p. 29. (Souligné par nous.)

À Marseille, cependant, quelques années plus tôt, le 15 septembre 1942, l'un des avocats juifs réfugiés en zone libre dont le bâtonnier Poignard avait rappelé le souvenir, Lucien Vidal-Naquet, écrivait ces lignes, destinées à demeurer secrètes, dans le journal intime auquel il confiait la douleur que son caractère trop fier n'eût point révélé à d'autres :

« C'est ainsi que je ne suis plus qu'un demi-citoyen sur le sol même où je suis né et où dorment les miens ; c'est ainsi que j'ai perdu le droit d'exercer la profession qui fut celle de mon père ; et que demain se posera pour mes enfants la question de savoir à quelle activité ils auront le droit de se livrer. Je n'essaierai pas de dire le retentissement qu'auront eu en moi les mesures auxquelles je ne veux faire qu'une brève allusion. Tant qu'elles étaient le fait de l'ennemi, je les ai supportées en silence, avec même une certaine fierté (...). Mais les coups qui m'auront atteint le plus profondément sont des balles non pas allemandes, mais françaises. Et c'est là ce qui me meurtrit d'une façon si cruelle (...). Je ressens comme Français l'injure qui m'est faite comme Juif (...). J'étais si fier de mon pays. Je le voulais au-dessus de tous – mes yeux se sont ouverts aujourd'hui : mon pays n'était beau que parce que je le croyais beau –, c'est à ce qu'il me semblait être que j'avais voué une ardeur de sacrifice dont nul ne mesurera jamais la profondeur. Je le dis comme je le pense ou plutôt le pensais : j'ai ardemment désiré mourir pour la France[1]. »

On sait ce qu'il advint. Exclu du Barreau comme Juif par arrêt de la Cour d'appel de Paris du 6 janvier

1. Lucien Vidal-Naquet, *Journal, 1942-1944, op. cit.*, p. 514.

1942, Lucien Vidal-Naquet, réfugié en zone libre, membre d'un réseau de résistance, fut arrêté à Marseille par la Gestapo, le 15 mai 1944, et déporté avec sa femme. Ni l'un ni l'autre ne revinrent. Le vœu secret de Lucien Vidal-Naquet a été exaucé. Il est mort pour la France, pour une certaine idée de la France.

Annexes *

I. Les avocats juifs d'Afrique du Nord

Comme le relevait le bâtonnier Charpentier, la question du *numerus clausus* n'intéressait en fait que le barreau de Paris et les barreaux d'Afrique du Nord « en majorité antisémites[1] ».

Dès l'automne 1940, l'abrogation par la loi du 7 octobre du décret Crémieux du 24 octobre 1870 avait retiré aux Juifs d'Algérie la qualité de citoyens français et les avait transformés en « Juifs indigènes des départements d'Algérie[2] ».

La question avait été aussitôt soulevée, devant le Conseil de l'Ordre de Paris, du droit des avocats originaires d'Algérie de continuer à exercer leur profession dès lors qu'ils avaient perdu la citoyenneté française.

Au terme d'une minutieuse étude juridique, le Conseil de l'Ordre concluait, le 22 octobre 1940, que « la perte de la qualité de citoyen français n'entraîne pas, pour ceux-ci, l'inaptitude à demeurer avocats, la Cour de Paris ayant décidé d'une façon constante qu'il suffisait, pour exercer la profession d'avocat, d'être "sujet français"[3] ».

Au regard d'une telle jurisprudence, les Juifs originaires d'Algérie purent donc demeurer avocats non seulement dans les barreaux de la métropole, mais aussi dans ceux des départements d'Algérie. Une telle situation suscitait un vif mécontentement parmi leurs confrères. Le 16 mai 1941, alors que le statut des avo-

---

* NB : Les documents reproduits, qui proviennent des Archives du barreau de Paris, sont conformes aux originaux excepté les noms propres qui ont été retirés.

1. Jacques Charpentier, *Au service de la liberté, op. cit.*, p. 152.
2. *J.O.* du 7 octobre 1940.
3. P.-V. du 22 octobre 1940, p. 12, Archives du Conseil de l'Ordre.

cats juifs était en cours d'élaboration, le bâtonnier de Sétif écrivait à Xavier Vallat :

« Le nombre des Israélites inscrits auprès des barreaux de l'Algérie (17 barreaux avec une Cour d'appel, la plus importante de toutes les Cours d'appel après celle de Paris) est beaucoup trop élevé. C'est ainsi qu'auprès de notre barreau, sur douze avocats, quatre sont israélites. Il n'en va pas, sous le rapport "esprit de milieu", d'un esprit professionnel aussi louable qu'il serait souhaitable, et aussi net qu'en France. Sous le rapport influence morale et sociale, les conséquences en sont fâcheuses... À cause de cela, on peut dire que la profession d'avocat ne jouit pas ici du haut prestige qu'elle a dans la métropole... Il serait de nécessité, donc, qu'une prompte décision de contingentement intervînt. À attendre, il y a péril professionnel et moral. Les Conseils de l'Ordre de l'Algérie, en leur unanimité, souhaitent ce "contingentement" et l'attendent de votre sagesse éclairée et aussi, en tant que confrère, de votre esprit de "confraternité"[1]. »

Xavier Vallat répondit aussitôt pour apaiser les inquiétudes du bâtonnier de Sétif :

« Cette situation ne m'avait pas échappé. Je puis vous informer que j'ai soumis aux délibérations du gouvernement un projet de loi tendant à limiter le nombre des avocats israélites dans des proportions très importantes[2]. »

La loi du 2 juin 1941 portant statut des Juifs et leur interdisant l'exercice de toute profession libérale, sauf dans des limites fixées par décret, était applicable en Algérie. Un commentateur remarquait à ce sujet que ce statut rendait inutile l'abrogation du décret Crémieux : « Les incapacités qui tiennent à la condition du Juif sont en effet plus nombreuses et plus lourdes que celles qui sont attachées à la qualité de sujets. L'avantage d'être citoyen est annihilé par le désavantage d'être juif[3]. » Le 18 février 1942, une loi spéciale vint réglementer la condition des « Juifs indigènes d'Al-

1. Archives du C.G.Q.J., 23 mai 1941, C.D.J.C., LXXX.2. Les guillemets sont dans le texte.

2. Lettre du 23 mai 1941, C.D.J.C., LXXX-2.

3. P. Decroux, « Le nouveau Statut des Juifs en Afrique du Nord » ; André Knoertzer, « Du Statut des Juifs indigènes d'Algérie », J.-C., p. 42, I, 265, n° 7.

gérie[1]. » Ceux-ci étaient des « sujets français n'ayant aucun droit politique ni aucun autre avantage attaché à la qualité de citoyen français, soumis à toutes les interdictions, prohibitions, restrictions, pénalités précisées par la loi du 2 juin 1941 et aux restrictions spéciales prévues par la législation algérienne[2] ». S'agissant de la profession d'avocat, elle était interdite aux Juifs, sous réserve des dispositions d'un décret du 5 novembre 1941 relevant de l'interdiction les mêmes catégories qu'en métropole et fixant à 2 % du nombre des avocats non juifs celui d'avocats juifs algériens admis à exercer la profession. Ce statut d'exclusion des Juifs algériens devait perdurer, même après le débarquement allié en Afrique du Nord (9 novembre 1942), avant d'être supprimé, en 1943, par décision du gouvernement provisoire présidé par le général de Gaulle.

Au Maroc, la proportion des avocats juifs était également très importante. Le barreau de Casablanca ne comptait pas moins de 30 Juifs sur 108 membres. Le 18 août 1941, un « décret Viziriel » établit à 5 % du nombre des avocats non juifs le *numerus clausus*. Un chiffre inférieur eût en effet désorganisé l'activité des tribunaux au Maroc. Au total, cependant, sur les 37 avocats juifs exerçant dans les barreaux de Casablanca, Fez, Marrakech, Oujda, 33 furent radiés par décision de la Cour de Rabat du 30 janvier 1942[3]. Trois avocats furent maintenus au titre d'anciens combattants, le quatrième au regard de ses mérites professionnels exceptionnels.

Un certain nombre d'avocats juifs ainsi exclus poursuivirent une activité professionnelle réduite en étant employés par des avocats non juifs. Saisi de la question par le Résident général de France au Maroc, le C.G.Q.J. lui fit savoir qu'« il n'existait aucun texte qui autorise cette pratique », et l'invita à y mettre fin[4].

En Tunisie, la proportion d'avocats juifs était la plus élevée de toute l'Afrique du Nord : 208 (dont 184 à Tunis) sur un total de 298 avocats. Un décret beylical du 12 mars 1942 interdit aux Juifs

1. Cf. André Knoertzer, *ibid.*, n° 13. Il s'agit des Juifs nés en France ou en Algérie, ou descendants de parents juifs eux-mêmes nés en Algérie soit avant, soit après l'occupation française.
2. *Ibid.*, n° 18.
3. C.D.J.C., LIV-24.
4. Lettre du C.G.Q.J., 3 octobre 1942.

l'exercice d'une profession libérale, sauf dans des limites fixées par arrêté du Résident général de France. Le 30 mars, celui-ci fixa le *numerus clausus* à 5 % de l'effectif total des avocats du ressort. Les anciens combattants et leurs parents étaient maintenus par priorité au Barreau, même si leur nombre excédait le *numerus clausus*. Des dérogations à l'interdiction pour « mérites éminents » étaient également prévues. Les avocats juifs maintenus ne pouvaient être ni électeurs, ni éligibles au Conseil de l'Ordre[1].

1. C.D.J.C. CVIII, 9.

II. *Liste des membres du Conseil de l'Ordre en 1936...*

CONSEIL DE L'ORDRE

Pour l'année judiciaire du 1er octobre 1936 au 30 septembre 1937.

MESSIEURS :

Etienne CARPENTIER, O. ✠ ✠, *Bâtonnier.*

Raoul ROUSSET, C. ✠ *Conservateur de la Bibliothèque et Archiviste.*	*Anciens Bâtonniers.*
Albert SALLE, C. ✠. *Trésorier.*	
Manuel FOURCADE, ✠.	
Henry AUBÉPIN, C. ✠.	
Fernand PAYEN, C. ✠.	
Emile de SAINT-AUBAN, O. ✠.	
William THORP, O. ✠.	

de LA TASTE (Léon), ✠.	*Membre du Conseil*
IMBRECQ, ✠ ✠.	»
DECUGIS (Henri), O. ✠.	»
LALOU (Henri), ✠.	»
COUDERT (Antonin) ✠ ✠, *Trésorier adjoint.*	»
LAFARGE (René), ✠.	»
PEYTEL (Adrien), ✠ ✠ ✠.	»
WAGNER (Georges), ✠ ✠.	»
CHENU (Charles-Maurice), ✠ ✠.	»
RIBET (Maurice), O. ✠ ✠.	»
CHARPENTIER (Émile), ✠ ✠ ✠.	»
LEVACON (Joseph), O. ✠ ✠.	»
TOULOUSE (André), ✠.	»
THIÉBAUT (Pierre), ✠.	»
GAIN (Réné) ✠.	»
POIGNARD (Marcel), ✠ *Secrétaire du Conseil.*	»
VALLAT (Xavier), ✠ ✠.	

... et en 1939

CONSEIL DE L'ORDRE. — M. Jacques Charpentier, *bâtonnier*.

MM Manuel Fourcade (*conservateur de la bibliothèque et archiviste*), Fernand Payen, William Thorp, Étienne Carpentier (*trésorier anciens bâtonniers*); Vigier (René), Nolleau (Joseph), Dondenne (Georges), Jallu (Olivier), Jacomet (Pierre), Delmont (Alcide) Pythou (Joseph), de Chauveron (Pierre), Durandy (Henri), Levacon (Joseph), Jobit (Maxime), Mouquin (Fernand), Cathala (Pierre) Thiébaut (Pierre), Viénot (André), Bernard (Camille), Marizis (Jacques), Ragon (Marcel), Demolliens (Maurice) [*secrétaire du conseil*]. Vallat (Xavier), *membre*.

III. *Le bâtonnier Jacques Charpentier*

IV. *La loi du 10 septembre 1940 réglementant l'accès au barreau*

4958 JOURNAL

LOIS

LOI réglementant l'accès au barreau.

Nous, Maréchal de France, chef de l'Etat
français,

Le conseil des ministres entendu,

Décrétons :

Art. 1er. — Nul ne peut être ou demeurer
inscrit au tableau de l'ordre des avocats
ou sur les listes du stage s'il ne possède
la nationalité française à titre originaire,
comme étant né d'un père français.

Cette condition n'est pas exigée :

1° Des personnes réintégrées de plein
droit dans la nationalité française à dater
du 11 novembre 1918 lorsqu'elles descen-
dent, en ligne paternelle s'il s'agit d'en-
fants légitimes, et en ligne maternelle,
s'il s'agit d'enfants naturels, d'un ascen-
dant ayant perdu la nationalité par appli-
cation du traité franco-allemand du 10 mai
1871 ou lorsqu'elles sont nées en Alsace-
Lorraine avant le 11 novembre 1918 de
parents inconnus, ainsi que des personnes
qui auraient eu droit à cette réintégration
si elles n'avaient déjà acquis ou reven-
diqué la nationalité française antérieure-
ment au 11 novembre 1918 ;

2° Des enfants naturels nés en France
de parents non dénommés ou de mère
française et de père inconnu, à condition
toutefois qu'ils n'aient pas été postérieu-
rement reconnus ou légitimés par un père
étranger ;

3° De ceux qui ont servi dans une unité
combattante de l'armée française au cours
des guerres de 1914 ou 1939 ;

4° Des descendants en ligne directe de
ceux qui ont servi dans les conditions pré-
vues au paragraphe 3° ci-dessus.

Art. 2. — Sur la proposition motivée du
conseil de l'ordre des avocats, un arrêté
du garde des sceaux, ministre secrétaire
d'Etat à la justice, peut, à titre exception-
nel, autoriser l'inscription ou le maintien
au tableau ou sur la liste du stage des
personnes ne remplissant pas les condi-
tions exigées à l'article 1er.

Art. 3. — Le présent décret sera publié
au *Journal officiel* et exécuté comme loi
de l'Etat.

Fait à Vichy, le 10 septembre 1940.

PH. PÉTAIN.

Par le Maréchal de France, chef de l'Etat
français,

Le garde des sceaux,
ministre secrétaire d'Etat à la justice,

RAPHAEL ALIBERT.

LOIS

LOI réglementant l'accès au barreau.

Nous, Maréchal de France, chef de l'Etat français,

Le conseil des ministres entendu,

Décrétons:

Art. 1er. — Nul ne peut être ou demeurer inscrit au tableau de l'ordre des avocats ou sur les listes du stage s'il ne possède la nationalité française à titre originaire, comme étant né d'un père français.

Cette condition n'est pas exigée:

1° Des personnes réintégrées de plein droit dans la nationalité française à dater du 11 novembre 1918 lorsqu'elles descendent, en ligne paternelle s'il s'agit d'enfants légitimes, et en ligne maternelle, s'il s'agit d'enfants naturels, d'un ascendant ayant perdu la nationalité par application du traité franco-allemand du 10 mai 1871 ou lorsqu'elles sont nées en Alsace-Lorraine avant le 11 novembre 1918 de parents inconnus, ainsi que des personnes qui auraient eu droit à cette réintégration si elles n'avaient déjà acquis ou revendiqué la nationalité française antérieurement au 11 novembre 1918;

2° Des enfants naturels nés en France de parents non dénommés ou de mère française et de père inconnu, à condition toutefois qu'ils n'aient pas été postérieurement reconnus ou légitimés par un père étranger;

3° De ceux qui ont servi dans une unité combattante de l'armée française au cours des guerres de 1914 ou 1939;

4° Des descendants en ligne directe de ceux qui ont servi dans les conditions prévues au paragraphe 3° ci-dessus.

Art. 2. — Sur la proposition motivée du conseil de l'ordre des avocats, un arrêté du garde des sceaux, ministre secrétaire d'Etat à la justice, peut, à titre exceptionnel, autoriser l'inscription ou le maintien au tableau ou sur la liste du stage des personnes ne remplissant pas les conditions exigées à l'article 1er.

Art. 3. — Le présent décret sera publié au *Journal officiel* et exécuté comme loi de l'Etat.

Fait à Vichy, le 10 septembre 1940.

PH. PÉTAIN.

Par le Maréchal de France, chef de l'Etat français,

Le garde des sceaux, ministre secrétaire d'Etat à la justice,

RAPHAEL ALIBERT.

LOI relative aux attributions du secrétariat général à la santé publique et à la famille.

Nous, Maréchal de France, chef de l'Etat français,

Vu la loi du 6 septembre 1940 relative à la composition du Gouvernement;

Le conseil des ministres entendu;

Décrétons:

Art. 1er. — Le secrétariat général à la santé publique et à la famille est chargé d'établir les programmes d'assistance sociale et de coordonner l'action du personnel de l'assistance.

Art. 2. — Le présent décret sera publié au *Journal officiel* et exécuté comme loi de l'Etat.

Fait à Vichy, le 10 septembre 1940.

PH. PÉTAIN.

Par le Maréchal de France, chef de l'Etat français:

Le ministre secrétaire d'Etat à l'intérieur,

PEYROUTON.

LOI modifiant l'article 5 de la loi du 20 juillet 1940 relative à la résiliation et à la liquidation des marchés passés par l'Etat pour les besoins de la défense nationale.

Nous, Maréchal de France, chef de l'Etat français,

Vu la loi du 20 juillet 1940 relative à la résiliation et à la liquidation des marchés passés par l'Etat pour les besoins de la défense nationale;

Le conseil des ministres entendu,

Décrétons:

Art. 1er. — Le troisième alinéa de l'article 5 de la loi susvisée du 20 juillet 1940 est abrogé et remplacé par les dispositions suivantes:

« Inscription doit être prise à peine de déchéance par le créancier gagiste, dans le délai de deux mois à compter de la publication de la présente loi, ou de la résiliation du marché si elle est postérieure à cette publication, et dans la forme prévue à l'article 24 de la loi du 17 mars 1909, sur production, au greffe du tribunal de commerce du lieu de situation de l'actif grevé, de deux bordereaux sur papier libre, à l'appui desquels sont représentés, pour toute justification, soit l'acte de nantissement qui avait été souscrit par le débiteur gagiste et la signification de cet acte au comptable chargé du payement, soit une copie certifiée conforme de ces deux documents établie par l'huissier qui a procédé à la signification ».

Art. 2. — Le présent décret sera publié au *Journal officiel* et exécuté comme loi de l'Etat.

Fait à Vichy, le 6 septembre 1940.

PH. PÉTAIN.

Par le Maréchal de France, chef de l'Etat français:

Le ministre secrétaire d'Etat aux finances,

YVES BOUTHILLIER.

Le garde des sceaux, ministre secrétaire d'Etat à la justice,

RAPHAEL ALIBERT.

Le ministre secrétaire d'Etat à la défense nationale,

Gl WEYGAND.

Le ministre secrétaire d'Etat à la production industrielle et au travail,

RENÉ BELIN.

LOI relative aux mesures à prendre aux Antilles et à la Réunion à l'égard des individus dangereux pour la défense nationale ou la sécurité publique.

Nous, Maréchal de France, chef de l'Etat français,

Le conseil des ministres entendu,

Décrétons:

Art. 1er. — Dans les colonies de la Guadeloupe, de la Martinique et de la Réunion, et jusqu'à la date de la cessation légale des hostilités, les individus dangereux pour la défense nationale ou pour la sécurité publique peuvent, sur décision prise par le gouverneur, être internés administrativement dans un établissement spécialement désigné par arrêté local.

Art. 2. — Le présent décret sera publié au *Journal officiel* et exécuté comme loi de l'Etat.

Fait à Vichy, le 8 septembre 1940.

PH. PÉTAIN.

Par le Maréchal de France, chef de l'Etat français:

Le ministre secrétaire d'Etat aux affaires étrangères,

PAUL BAUDOUIN.

Le garde des sceaux, ministre secrétaire d'Etat à la justice,

RAPHAEL ALIBERT.

Le secrétaire d'Etat aux colonies,

Al PLATON.

DÉCRETS, ARRÊTÉS & CIRCULAIRES

PRÉSIDENCE DU CONSEIL

Secrétaires généraux.

Nous, Maréchal de France, chef de l'Etat français,

Vu la loi du 15 juillet 1940;

Vu la loi du 6 septembre 1940;

Le conseil des ministres entendu,

Décrétons:

Art. 1er. — M. le docteur Serge Huard est nommé secrétaire général à la famille et à la santé au ministère de l'intérieur.

Art. 2. — Le ministre secrétaire d'Etat à l'intérieur est chargé de l'exécution du présent décret.

Fait à Vichy, le 10 septembre 1940.

PH. PÉTAIN.

Par le Maréchal de France, chef de l'Etat français:

Le ministre secrétaire d'Etat à l'intérieur,

PEYROUTON.

V. *L'arrêté du Conseil de l'Ordre du 18 février 1941 radiant Henri Torrès*

CONSEIL DE L'ORDRE DES AVOCATS
A LA COUR DE PARIS

Séance du 18 Février 1941.

LE CONSEIL

Après en avoir délibéré;

Considérant qu'aux termes de l'art.22 du Décret du 20 juin 1920 portant Règlement d'Administration Publique sur l'exercice de la profession d'avocat, toute personne qui demande son admission au Stage d'un Barreau est tenue notamment de fournir au Conseil de l'Ordre les pièces justificatives établissant sa qualité de Français;

Que, d'autre part, l'article 1er de la loi du 10 septembre 1940 a confirmé cette obligation en y ajoutant que nul ne peut être ou demeurer inscrit au Tableau s'il ne possède la nationalité française à titre originaire comme étant né d'un père français:

Considérant que, par Décret du 29 octobre 1940, pris en exécution de la loi du 23 juillet 1940, Monsieur Henry Torrès a été déchu de la nationalité française à partir du 29 octobre 1940; que, n'étant plus Français, il ne peut être maintenu au Tableau.

PAR CES MOTIFS

ARRETE:

Art.1er.- M.Henry Torrès, ayant été déchu de la nationalité française par Décret du 29 octobre 1940, ne sera pas maintenu au Tableau lors de sa réfection;

Art.2.- Notification du présent arrêté sera faite à M.Henry TORRÈS.

VI. *Le Commissariat général aux questions juives créé le 29 mars 1941 fut dirigé par Xavier Vallat...*

...puis par Darquier de Pellepoix

VII. *L'article du* Petit Parisien *du 16 mai 1941 sur le statut des juifs*

etit Parisien

66e ANNÉE — N° 23.437

VENDREDI 16 MAI 1941

Saint HONORÉ

ÉDITION DE PARIS

1 franc

ÉCHAL PÉTAIN
ordres à la nation

ue la France conservera nde son rang e européenne loniale

...les négociations avec le Reich continuent

r la Radio nationale

:emment entretenu

te de l'avenir et de
ernement allemand.

i souvent inquiète
s, de mesurer nos

arrière-pensée sur

LE STATUT DES JUIFS sera soumis aujourd'hui au conseil des ministres

Vichy, 15 mai.

Le statut des juifs sera prochainement promulgué. Déjà, au dernier conseil de cabinet, M. Xavier Vallat en soumettait les dispositions essentielles, et il est probable que le prochain conseil des ministres, qui se tiendra demain à l'Hôtel du Parc, aura à lui donner son approbation.

Le statut, précise-t-on à Vichy, est une suite de la réglementation récemment appliquée aux juifs de la zone occupée. Il reprend, en les complétant, les dispositions de la loi du 3 octobre qui écartait les juifs des fonctions publiques et des postes de commande, mais surtout il étend à toute la France une réglementation jusqu'à présent inégale dans les deux zones. On souligne, d'autre part, que ce statut rentre pour une grande part dans le cadre de la réglementation générale des étrangers en France. Le nombre des juifs étrangers ou fraîchement naturalisés est, en effet, considérable.

L'application du statut des juifs sera rigoureuse. Cependant, il demeure dans les intentions du gouvernement de prévoir certaines dérogations très limitées. Pourraient en bénéficier les juifs anciens combattants ayant payé à la patrie le tribut de leur sang, les juifs convertis avant le 25 juin 1940 et ceux qui, en raison de services rendus, d'un enracinement lointain et répété par des alliances nombreuses, ne constituent plus un élément malsain dans le pays.

Pour et Contre

DÉSAGRÉABLES jeunes gens ont comparu récemment, on le sait, devant la cour d'assises de la Seine-Inférieure. Ces petits gredins avaient, pendant des mois, terrorisé toute une région, l'agression à main armée étant leur occupation quotidienne et leur sport favori...

L'AMIRAL BARD est nommé PREFET DE POLICE en remplacement de M. Marchand

Vichy, 15 mai.

L'amiral Bard, préfet de la Haute-Vienne, est nommé préfet de police de Paris, en remplacement de M. Marchand.

Le nouveau préfet nous dit...

(De notre correspond. particulier)

Limoges, 15 mai.

Nous avons pu joindre, à Limoges, le nouveau préfet de police qui venait d'apprendre sa nomination. L'amiral Bard s'apprêtait à quitter le soir même la préfecture de la Haute-Vienne.

Suite page 3, col. 4

L'amiral Bard
(Photo archives)

COMME AU TEMPS

VIII. *La loi du 2 juin 1941 remplaçant la loi du 3 octobre 1940 portant statut des juifs*

N° 2332. — LOI du 2 juin 1941 remplaçant la loi du 3 octobre 1940 portant statut des juifs.

Nous, Maréchal de France, chef de l'Etat français,

Le conseil des ministres entendu,

Décrétons :

Art. 1er. — Est regardé comme juif :

1° Celui ou celle, appartenant ou non à une confession quelconque, qui est issu d'au moins trois grands-parents de race juive, ou de deux seulement si son conjoint est lui-même issu de deux grands-parents de race juive.

Est regardé comme étant de race juive le grand-parent ayant appartenu à la religion juive ;

2° Celui ou celle qui appartient à la religion juive, ou y appartenait le 25 juin 1940, et qui est issu de deux grands-parents de race juive.

La non-appartenance à la religion juive est établie par la preuve de l'adhésion à l'une des autres confessions reconnues par l'Etat avant la loi du 9 décembre 1905.

Le désaveu ou l'annulation de la reconnaissance d'un enfant considéré comme juif sont sans effet au regard des dispositions qui précèdent.

Art. 2. — L'accès et l'exercice des fonctions publiques et mandats énumérés ci-après sont interdits aux juifs.

1. Chef de l'Etat, membres du Gouvernement, du conseil d'Etat, du conseil de l'ordre national de la Légion d'honneur, de la cour de cassation, de la cour des comptes, du corps des mines, du corps des ponts et chaussées, de l'inspection générale des finances, du corps des ingénieurs de l'aéronautique, des cours d'appel, des tribunaux de première instance, des justices de paix, des tribunaux répressifs d'Algérie, de tous jurys, de toutes juridictions d'ordre professionnel et de toutes assemblées issues de l'élection, arbitres.

2. Ambassadeurs de France, secrétaires généraux des départements ministériels, directeurs généraux, directeurs des administrations centrales des ministères, agents relevant du département des affaires étrangères, préfets, sous-préfets, secrétaires généraux des préfectures, inspecteurs généraux des services administratifs au ministère de l'intérieur, fonctionnaires de tous grades attachés à tous services de police.

3. Résidents généraux, gouverneurs généraux, gouverneurs et secrétaires généraux des colonies, inspecteurs des colonies.

4. Membres des corps enseignants.

5. Officiers et sous-officiers des armées de terre, de mer et de l'air, membres des corps de contrôle de la guerre, de la marine et de l'air, membres des corps et cadres civils des départements de la guerre, de la marine et de l'air, créés par les lois du 25 août 1940, du 15 septembre 1940, du 28 août 1940, du 18 septembre 1940 et du 29 août 1940.

6. Administrateurs, directeurs, secrétaires généraux dans les entreprises bénéficiaires de concessions ou de subventions accordées par une collectivité publique, titulaires de postes à la nomination du Gouvernement dans les entreprises d'intérêt général.

Art. 3. — Les juifs ne peuvent occuper, dans les administrations publiques ou les entreprises bénéficiaires de concessions ou de subventions accordées par une collectivité publique, des fonctions ou des emplois autres que ceux énumérés à l'article 2, que s'ils remplissent l'une des conditions suivantes :

a) Etre titulaire de la carte du combattant, instituée par l'article 101 de la loi du 19 décembre 1926 ;

b) Avoir fait l'objet, au cours de la campagne 1939-1940, d'une citation donnant droit au port de la Croix de guerre instituée par le décret du 28 mars 1941 ;

c) Etre décoré de la Légion d'honneur ou de la médaille militaire pour faits de guerre ;

d) Etre pupille de la nation ou ascendant, veuve ou orphelin de militaire mort pour la France.

Art. 4. — Les juifs ne peuvent exercer une profession libérale, une profession commerciale, industrielle ou artisanale, ou une profession libre, être titulaires d'une charge d'officier public ou ministériel, ou être investis de fonctions dévolues à des auxiliaires de justice, que dans les limites et les conditions qui seront fixées par décrets en conseil d'Etat.

Art. 5. — Sont interdites aux juifs les professions ci-après :

Banquier, changeur, démarcheur ;

Intermédiaire dans les bourses de valeurs ou dans les bourses de commerce ;

Agent de publicité ;

Agent immobilier ou de prêts de capitaux ;

Négociant de fonds de commerce, marchand de biens ;

Courtier, commissionnaire ;

Exploitant de forêts ;

Concessionnaire de jeux ;

Editeur, directeur, gérant, administrateur, rédacteur, même au titre de correspondant local, de journaux ou d'écrits périodiques, à l'exception des publications de caractère strictement scientifique ou confessionnel ;

Exploitant, directeur, administrateur, gérant d'entreprises ayant pour objet la fabrication, l'impression, la distribution ou la présentation de films cinématographiques, metteur en scène, directeur de prises de vues, compositeur de scénarios ;

Exploitant, directeur, administrateur, gérant de salles de théâtre ou de cinématographie ;

Entrepreneur de spectacles ;

Exploitant, directeur, administrateur, gérant de toutes entreprises se rapportant à la radiodiffusion.

Des règlements d'administration publique fixeront pour chaque catégorie les conditions d'application du présent article.

Art. 6. — En aucun cas, les juifs ne peuvent faire partie des organismes chargés de représenter les professions visées aux articles 4 et 5 de la présente loi ou d'en assurer la discipline.

Art. 7. — Les fonctionnaires juifs visés aux articles 2 et 3 sont admis à faire valoir les droits définis ci-après :

1° Les fonctionnaires soumis au régime de la loi du 14 avril 1924 recevront une pension d'ancienneté avec jouissance immédiate s'ils réunissent le nombre d'années de service exigé pour l'ouverture du droit à cette pension.

Si, sans remplir cette condition, ils ont accompli au moins quinze années de services effectifs, ils bénéficieront avec jouissance immédiate d'une pension calculée à raison, soit d'un trentième du minimum de la pension d'ancienneté pour chaque année de services de la catégorie A, soit d'un vingt-cinquième pour chaque année de services de la catégorie B ou de services militaires. Le montant de cette pension ne pourra excéder le minimum de la pension d'ancienneté augmenté, le cas échéant, de la rémunération des bonifications pour services hors d'Europe et des bénéfices de campagne ;

2° Les fonctionnaires soumis au régime de la caisse nationale des retraites pour la vieillesse obtiendront, s'ils comptent au moins quinze ans de services effectifs, la jouissance immédiate d'une allocation annuelle égale au montant de la rente vieillesse qui leur serait acquise à l'époque de la cessation de leurs fonctions si leurs versements réglementaires avaient été effectués dès l'origine à capital aliéné. Cette allocation cessera de leur être attribuée à compter de la date d'entrée en jouissance de leur rente sur la caisse nationale des retraites ;

3° Les fonctionnaires des départements, communes ou établissements publics qui possèdent une caisse spéciale de retraites bénéficieront, avec jouissance immédiate, de la pension d'ancienneté ou de la pension proportionnelle fixée par leur règlement de retraites, s'ils remplissent les

2476 JOURNAL OFFICIEL DE L'ETAT FRANÇAIS

conditions de durée de services exigées pour l'ouverture du droit à l'une de ces pensions;

4° Les agents soumis au régime de la loi sur les assurances sociales et comptant au moins quinze années de services effectifs recevront, de la collectivité ou établissement dont ils dépendent, une allocation annuelle égale à la fraction de la rente vieillesse constituée par le versement de la double contribution durant toute la période où ils sont restés en service. Cette allocation cessera de leur être attribuée à compter de la date d'entrée en jouissance de ladite rente;

5° Les fonctionnaires tributaires de la caisse intercoloniale de retraites ou des caisses locales, et comptant au moins quinze années de services effectifs, bénéficieront d'une pension dans les conditions qui seront déterminées par un règlement d'administration publique;

6° Les fonctionnaires et agents ne remplissant pas les conditions requises pour pouvoir bénéficier des pensions et allocations ci-dessus recevront leur traitement pendant une durée qui sera fixée par un règlement d'administration publique;

7° La situation des ouvriers des établissements militaires et industriels de l'Etat sera réglée par une loi spéciale.

Les fonctionnaires ou agents juifs visés par les articles 2 et 3 de la loi du 3 octobre 1940 sont considérés comme ayant cessé leurs fonctions à la date du 20 décembre 1940.

Les fonctionnaires ou agents qui sont atteints par les nouvelles interdictions édictées par la présente loi cesseront leurs fonctions dans le délai de deux mois après la publication de celle-ci.

L'application des dispositions de la présente loi aux prisonniers de guerre est différée jusqu'à leur retour de captivité.

Les fonctionnaires ou agents juifs visés aux articles 2 et 3 et actuellement prisonniers de guerre cesseront d'exercer leurs fonctions deux mois après leur retour de captivité.

Les dispositions de la présente loi ne seront applicables aux ascendants, conjoint ou descendants d'un prisonnier de guerre que dans un délai de deux mois après la libération de ce prisonnier.

En ce qui concerne les personnels en service outre-mer, un décret rendu sur la proposition des secrétaires d'Etat intéressés déterminera les conditions de la cessation de leurs fonctions.

Art. 8. — Peuvent être relevés des interdictions prévues par la présente loi, les juifs:

1° Qui ont rendu à l'Etat français des services exceptionnels;

2° Dont la famille est établie en France depuis au moins cinq générations et a rendu à l'Etat français des services exceptionnels.

Pour les interdictions prévues par l'article 2, la décision est prise par décret individuel pris en conseil d'Etat sur rapport du commissaire général aux questions juives et contresigné par le secrétaire d'Etat intéressé.

Pour les autres interdictions, la décision est prise par arrêté du commissaire général aux questions juives.

Le décret ou l'arrêté doivent être dûment motivés.

Les dérogations accordées en vertu des dispositions qui précèdent n'ont qu'un caractère personnel et ne créeront aucun droit en faveur des ascendants, descendants, conjoint et collatéraux des bénéficiaires.

Art. 9. — Sans préjudice du droit pour le préfet de prononcer l'internement dans un camp spécial, même si l'intéressé est Français, est puni:

1° D'un emprisonnement de six mois à deux ans et d'une amende de 500 fr. à 10.000 fr., ou de l'une de ces deux peines seulement, tout juif qui s'est livré ou a tenté de se livrer à une activité qui lui est interdite par application des articles 4, 5 et 6 de la présente loi;

2° D'un emprisonnement de un an à cinq ans et d'une amende de 1.000 fr. à 20.000 fr., ou de l'une de ces deux peines seulement, tout juif qui se sera soustrait ou aura tenté de se soustraire aux interdictions édictées par la présente loi, au moyen de déclarations mensongères ou de manœuvres frauduleuses.

Le tribunal peut, en outre, ordonner la fermeture de l'établissement.

Art. 10. — Les fonctionnaires ayant cessé leurs fonctions par application de la loi du 3 octobre 1940 et qui peuvent se prévaloir des dispositions de la présente loi, sont admis à solliciter leur réintégration dans des conditions qui seront fixées par décret en conseil d'Etat.

Art. 11. — La présente loi est applicable à l'Algérie, aux colonies, pays de protectorat, en Syrie et au Liban.

Art. 12. — La loi du 3 octobre 1940, modifiée par les lois du 3 avril et du 11 avril 1941, est abrogée; les règlements et les décrets pris pour son application sont maintenus en vigueur jusqu'à ce qu'ils soient modifiés s'il y a lieu par des règlements et des décrets nouveaux.

Art. 13. — Le présent décret sera publié au *Journal officiel* et exécuté comme loi de l'Etat.

Fait à Vichy, le 2 juin 1941.

PH. PÉTAIN.

Par le Maréchal de France, chef de l'Etat français:

L'amiral de la flotte, vice-président du conseil, ministre secrétaire d'Etat aux affaires étrangères, à l'intérieur et à la marine,

Al DARLAN.

Le garde des sceaux, ministre secrétaire d'Etat à la justice,

JOSEPH BARTHÉLEMY.

Le ministre secrétaire d'Etat à l'économie nationale et aux finances,

YVES BOUTHILLIER.

Le général d'armée, ministre secrétaire d'Etat à la guerre,

Gl HUNTZIGER.

Le ministre secrétaire d'Etat à l'agriculture,

PIERRE CAZIOT.

IX. *Le décret ...*

Commissariat général aux questions juives.

N° 2956. — DÉCRET DU 16 JUILLET 1941 RÉGLEMENTANT, EN CE QUI CONCERNE LES JUIFS, LA PROFESSION D'AVOCAT.

Nous, Maréchal de France, chef de l'Etat français,

Sur le rapport de l'amiral de la flotte, ministre vice-président du conseil, et du garde des sceaux, ministre secrétaire d'Etat à la justice,

Vu la loi du 2 juin 1941, notamment l'article 4;

Vu la loi du 22 ventôse an XI;

Vu les décrets des 20 juin 1920 et 10 mars 1931 portant règlement d'administration publique sur l'exercice de la profession d'avocat et la discipline des barreaux;

Le conseil d'Etat entendu,

Décrétons:

TITRE Ier

Avocats inscrits au tableau ou au stage.

Art. 1er. — Le nombre des personnes, définies à l'article 1er de la loi du 2 juin 1941, admises à exercer la profession d'avocat, ne peut dépasser, dans le ressort de chaque cour d'appel, 2 p. 100 de l'effectif total des avocats non juifs inscrits au tableau ou au stage des barreaux du ressort.

Toutefois, le nombre des avocats juifs inscrits dans un barreau ne peut en aucun cas être supérieur à celui des avocats juifs qui étaient inscrits avant le 25 juin 1940 au tableau ou au stage de ce barreau.

L'élimination des avocats juifs, inscrits à la date de la publication du présent décret, qui seront en surnombre, sera prononcée dans les conditions prévues aux articles 7 et 8 ci-après.

Seront maintenus par priorité, même si leur nombre dépasse la proportion fixée au paragraphe 1er ci-dessus, les avocats, inscrits au tableau ou au stage avant la publication du présent décret, qui satisfont à l'une des quatre conditions prévues à l'article 3 de la loi du 2 juin 1941 en fa-

...du 16 juillet 1941 réglementant, en ce qui concerne les juifs, la profession d'avocat

3000 JOURNAL OFFICIEL DE L'ETAT FRANÇAIS 17 Juillet 1941

veur des anciens combattants et des victimes de la guerre.

Pourront également être maintenus ceux de ces avocats qui, sans satisfaire à aucune de ces conditions, seraient, à la demande du conseil de l'ordre, après avis de la cour d'appel délibérant en assemblée générale, et sur la proposition du commissaire général aux questions juives, désignés par arrêté du garde des sceaux en raison du caractère éminent de leur mérite professionnel.

Art. 2. — Si le nombre des avocats non juifs inscrits à l'ensemble des barreaux d'un ressort vient à diminuer, la réduction corrélative du nombre des avocats juifs ne s'opérera que par voie d'extinction.

Art. 3. — Dans le délai d'un mois à compter de la publication du présent décret, tout avocat se trouvant à cette date au nombre des personnes définies à l'article 1er de la loi du 2 juin 1941 en fera la déclaration écrite au conseil de l'ordre de son barreau.

Toutefois, les avocats présents sous les drapeaux ou prisonniers de guerre ne seront tenus de souscrire cette déclaration que dans le délai de deux mois à compter de leur libération.

Le secrétariat d'Etat à la justice assurera la transmission des déclarations que les intéressés, en raison des difficultés de communication, ne pourraient faire parvenir au conseil de leur ordre.

Le conseil de l'ordre accusera réception de cette déclaration et avisera le procureur général près la cour d'appel par l'intermédiaire du procureur de la République.

Art. 4. — A défaut de déclaration dans les délais impartis, l'intéressé sera déféré au conseil de discipline de son ordre qui devra prononcer la radiation si le défaut de déclaration est volontaire.

Si l'avocat est en surnombre, il cessera d'être porté au tableau ou à la liste du stage à l'expiration d'un délai de deux mois après la notification.

Art. 5. — Il sera dressé par les soins du procureur général près chaque cour d'appel, dans le délai de deux mois à compter de la publication du présent décret, trois états numériques et nominatifs des avocats inscrits au tableau ou au stage de chacun des barreaux du ressort.

Le premier comprendra tous les avocats non juifs inscrits ou stagiaires à la date de la publication du présent décret; le second, les avocats juifs inscrits ou stagiaires à la date du 25 juin 1940; le troisième, les avocats juifs inscrits ou stagiaires à la date de la publication du présent décret, en mentionnant à part ceux qui satisfont à l'une des conditions fixées à l'article 3 de la loi du 2 juin 1941.

Le premier et le troisième de ces états seront ensuite tenus à jour par le parquet de la cour d'appel.

Art. 6. — Si par suite d'un fait postérieur à la publication du présent décret un avocat inscrit ou stagiaire vient à être compris au nombre des personnes définies à l'article 1er de la loi du 2 juin 1941, il adressera dans le délai d'un mois, à compter de ce fait, au conseil de l'ordre, la déclaration prévue à l'article 3, sous les sanctions prévues à l'article 4.

La déclaration sera transmise au procureur général par l'intermédiaire du procureur de la République.

Lorsque le procureur général aura constaté que le déclarant est en surnombre et le lui aura fait notifier, celui-ci cessera d'être porté au tableau ou à la liste du stage à l'expiration d'un délai de deux mois après la notification.

Art. 7. — A l'expiration du délai prévu à l'article 5, le procureur général établira, d'après les renseignements qui lui seront parvenus à cette date, la liste des avocats à maintenir par application du paragraphe 4 de l'article 1er. Cette liste sera revisée au fur et à mesure que des justifications seront dûment produites, et notamment après que le procureur général aura reçu les déclarations de ceux qui sont présents sous les drapeaux ou prisonniers de guerre

La liste ainsi dressée ou revisée sera immédiatement notifiée par les soins du procureur général aux conseils de l'ordre et aux intéressés.

Art. 8. — Le procureur général communiquera la liste en même temps à la cour d'appel qui, après l'avoir arrêtée en assemblée générale, désignera, pour chaque barreau, parmi ceux des avocats juifs qui n'y sont pas portés, après que le conseil de l'ordre lui aura remis dans le délai d'un mois son avis motivé sur chacun des cas individuels, les avocats inscrits ou stagiaires qui devront cesser l'exercice de leur profession.

La décision de la cour sera immédiatement notifiée aux intéressés, qui cesseront d'être portés au tableau ou à la liste du stage dans le délai de deux mois après la notification.

TITRE II

Candidats à l'inscription au stage ou au tableau.

Art. 9. — Tout candidat se trouvant au nombre des personnes définies à l'article 1er de la loi du 2 juin 1941 et sollicitant son admission au stage ou au tableau d'un barreau, devra, préalablement au dépôt de sa demande régulière, adresser au procureur de la République une requête précisant sa situation au regard de ladite loi. Il lui en sera délivré récépissé.

Les pièces remises par le candidat seront, dans les trois jours du dépôt, communiquées au parquet de la cour d'appel.

Art. 10. — Le procureur général vérifiera si la candidature n'excède pas les limites respectivement fixées aux paragraphes 1er et 2 de l'article 1er ci-dessus, et peut en conséquence être agréée.

Le résultat de cette vérification sera, pour chaque candidature, notifié par le procureur général au conseil de l'ordre du barreau où est sollicitée l'inscription au stage ou au tableau.

Art. 11. — Si la candidature excède les limites fixées aux alinéas 1er et 2 de l'article 1er, le conseil de l'ordre, dans les trois jours de la notification, informera le postulant que sa demande n'est pas recevable.

Si la candidature n'excède pas ces limites, le conseil de l'ordre, dans le même délai, invitera le postulant à former une demande régulière d'inscription au stage ou au tableau.

Si le nombre des candidatures excède celui des vacances ouvertes aux candidats juifs par l'effet des dispositions susvisées, le conseil de l'ordre les examinera simultanément et retiendra les candidats qu'il jugera les plus qualifiés.

Art. 12. — Au cas où la déclaration prévue à l'article 9 ci-dessus n'ayant pas été faite, le candidat aurait été irrégulièrement inscrit au stage ou au tableau, il sera procédé à son égard conformément aux dispositions de l'article 4 ci-dessus.

Art. 13. — Le présent décret n'est pas applicable à l'Algérie, aux territoires relevant du secrétaire d'Etat aux colonies, à la Tunisie, au Maroc, à la Syrie et au Liban.

Art. 14. — L'amiral de la flotte, ministre vice-président du conseil et le garde des sceaux, ministre secrétaire d'Etat à la justice, sont chargés, chacun en ce qui le concerne, de l'exécution du présent décret, qui sera publié au *Journal officiel* de l'Etat français.

Fait à Vichy, le 16 juillet 1941.

PH. PÉTAIN.

Par le Maréchal de France, chef de l'Etat français:

Le garde des sceaux,
ministre secrétaire d'Etat à la justice,
JOSEPH BARTHÉLEMY.

L'amiral de la flotte,
ministre vice-président du conseil,
A[l] DARLAN.

X.
Réponse du bâtonnier de l'Ordre à un avocat juif

ORDRE DES AVOCATS
A LA
COUR DE PARIS

13 AOUT 1941

Cabinet du Bâtonnier

Mon cher Confrère,

J'ai l'honneur de vous accuser réception de votre lettre du 13 AOUT 1941 contenant la déclaration prévue par le décret du 16 Juillet 1941.

Veuillez agréer, mon cher Confrère, l'assurance de mes sentiments dévoués.

Le Bâtonnier de l'Ordre,

Jacques Charpentier

YVES JOUFFA

Paris, le 8 juin 1995

Je fus arrêté par deux policiers francais, à mon domicile, le 20 août 1941 et je fis "l'ouverture" du Camp de Drancy. Le lendemain 21 août, une cinquantaine d'avocats parisiens -quelques-uns très célèbres:Pierre Masse, Gaston Crémieux, Théodore Valensi - arrivent au camp. Ils furent l'objet d'une ovation de la part des internés composés en grande majorité d'ouvriers et petits artisans du 11ème arrondissement, tailleurs, casquettiers, maroquiniers, etc.

Y a-t-il eu une réaction du Conseil de l'Ordre ? Je l'ignore.

Ce que je sais, c'est que quelques mois plus tard, le Bâtonnier Charpentier vint au camp pour signifier à ses Confrères internés leur radiation de l'Ordre. Il n'eut pas un mot pour regretter, expliquer ou excuser.

Lorsqu'il est parti, j'ai vu pleurer quelques-uns de ces avocats. Il y avait parmi eux des médaillés des deux guerres.

Y. Jouffa

XI. *Lettre du 8 juin 1995 de Maître Yves Jouffa, ancien président de la ligue des droits de l'homme*

XII. *A l'exposition « Le juif et la France », au palais Berlitz, à Paris, en septembre 1941*

XIII. *Photographie des avocats juifs internés à Drancy :*
Paris-Soir *(12 septembre 1941)*

Paris-soir

37, rue du Louvre, Paris (2e)

Deuxième Année. — N° 428

VENDREDI 12 SEPTEMBRE 1941

ABONNEMENTS	3 m.	6 m.	Un an
France-Colonies ..	70	130	250
Etranger Tarif A.	140	260	500

Adresser les ABONNEMENTS à M. Henri SAISON, C. C. 2542-28 37, rue du Louvre, Paris-2e

TURbigo 52-00
TURbigo 53-00
TURbigo 96-80
TURbigo 97-80
TURbigo 94-00
Gutenberg 94-00
35 lignes

6e DERNIÈRE

1 franc

De gauche à droite : les avocats Weill, Théodore Valensi et Azoulay.

JE LES AI VUS, CES JUIFS

MILLIONNAIRES...

EX-CÉLÉBRITÉS DU BARREAU PARISIEN

De gauche à droite : les avocats Ulmo, Crémieux, Bloch et Pierre Masse. (*Photos* Paris-soir.)

internés dans un camp

proche de notre capitale

Plus une seule place
POUR LE GALA
de demain soir

XIV. Paris-Midi *annonce l'exécution de M*[es] *Hajje, Pitard et Rolnikas (20 septembre 1941)*

Paris-Midi

DERNIÈRE ÉDITION — 31e ANNEE. — N° 4860 SAMEDI 20 SEPTEMBRE 1941 — 37, rue du Louvre, Paris Tél.: TUR. 52-00

LE NUMERO : UN FRANC. — Abonnem.: 1 mois, 24 fr.; 3 mois, 70 fr.; 6 mois, 130 fr.; 1 an, 250 fr. (C.C. Paris 2685-79)

AVIS

Le 16 septembre 1941, un lâche assassinat a été à nouveau commis sur la personne d'un soldat allemand. Par mesure de répression les otages suivants ont été fusillés :

1° PITARD Georges, de Paris, fonctionnaire. Communiste.

2° HAJJE Antoine, de Paris, fonctionnaire. Communiste.

3° ROLNIKAS Michelis, juif, de Paris. Propagateur d'idées communistes.

4° NAIN Adrien, de Paris. Auteur de tracts communistes.

5° PEYRAT Roger, de Paris. Agression contre des soldats allemands.

6° MARCHAL Victor, de Paris. Agression contre des soldats allemands.

7° ANJOLVY René-Lucien, de Paris-Gentilly. Distributeur de tracts communistes.

8° HERPIN François, de Paris-Malakoff. Chef de bande communiste au cours d'un acte de sabotage.

9° GUIGNOIS Pierre, d'Ivry-sur-Seine. Détenteur de tracts communistes ; détention d'armes.

10° MASSET Georges, de Paris. Détention illégale d'armes.

11° LOUBIER Daniel, de Paris. Détention illégale d'armes.

12° PEUREUX Maurice, de Paris-Montreuil. Détention illégale d'armes.

J'attire l'attention sur le fait qu'en cas de récidive un nombre beaucoup plus considérable d'otages sera fusillé.

PARIS, le 20 Septembre 1941.

Der Militärbefehlshaber in Frankreich :

Von STÜLPNAGEL,

General der Infanterie.

RAPPORT :

-:-:-:-:-:-:-:-:-:-:-:-:-:-

Monsieur a demandé à bénéficier des dispositions de l'article 8 de la loi du 2 AOUT 1941.-

Inscrit au barreau depuis le
Secrétaire de la Conférence dans la promotion
a exercé sa profession pendant près de quarante ans avec une correction et une dignité irréprochable.

Tout en donnant une part de son temps à des publications sur des questions économiques et sociales, et à des oeuvres sociales, occupe avec talent parmi nous un emploi honorable.

Le Conseil ne peut, au point de vue professionnel, que donner un avis favorable à sa demande.

avis très fav
F. 6/1/42

RAPPORT

Madame sollicite le bénéfice des dispositions de l'article 8 de la Loi du 2 Août 1941.

Elle est inscrite à l'Ordre des Avocats depuis le

Elle a exercé régulièrement sa profession et a été notamment collaboratrice de

Pas d'opposition.

PARIS, le 6 Janvier 1942

XV. *Avis formulés par le Conseil de l'Ordre sur les demandes de relèvement de l'interdiction d'exercer des avocats juifs*

PARQUET
DE LA COUR D'APPEL
DE PARIS

Paris, le 0 DEC 1941 194

N° Avocats Juifs.
SECTION CIVILE.

6 M 41 Av

Le Procureur Général près la Cour d'Appel de Paris

à

Monsieur le Bâtonnier de l'Ordre des Avocats
de la Cour d'Appel de Paris.

Av. favor

J'ai l'honneur de vous faire parvenir, avec la requête de l'intéressé adressée à Monsieur le Commissaire Général aux Questions Juives, le dossier établi par Me. Avocat à la Cour d'Appel de Paris, demeurant à Paris

~~et actuellement~~ à

L'avocat sus-désigné sollicite, en vue de son maintien au barreau, l'application à son profit des dispositions de l'article 8 de la loi du 2 Août 1941.

Je vous serais obligé, pour me permettre de satisfaire aux prescriptions de la Chancellerie, de bien vouloir soumettre cette requête, avec les pièces jointes, au Conseil de l'Ordre pour provoquer son avis motivé sur la suite dont elle lui aura paru susceptible.

Veuillez agréer, Monsieur le Bâtonnier, l'assurance de ma haute considération.

LE PROCUREUR GENERAL

D — C A 803 A

M

a cessé de figurer au Tableau

par application de l'arrêt de

la Cour de Paris en date du

12 Février 1942.

XVI. *Pierre Masse*

XVII. *Les Tables de la loi enchaînées : sculptures en bois faites par Pierre Masse lors de son internement à Drancy*

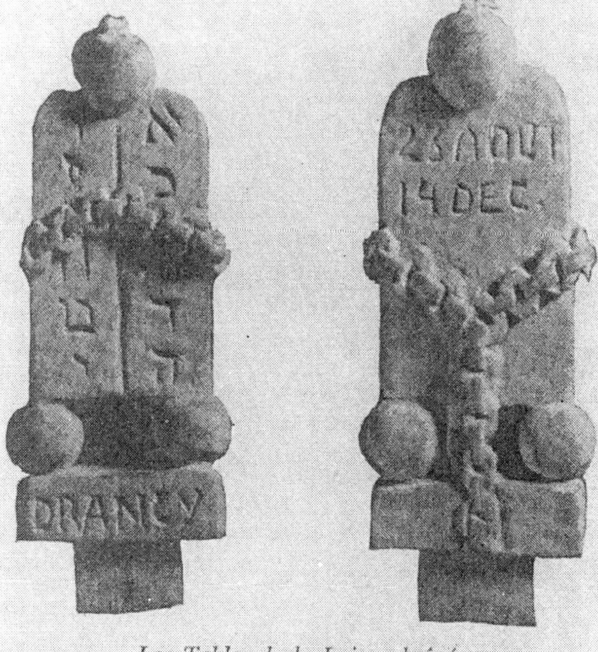

Les Tables de la Loi enchaînées.
Sculpture en bois, faite par le Bâtonnier Pierre Masse lors de son internement à Drancy.

XVIII. *Monument aux morts des avocats à la cour d'appel de Paris (bibliothèque des avocats du barreau de Paris)*

© Raymond Landin

XIX. *Liste des avocats à la cour de Paris fusillés, morts en déportation ou disparus au service de la patrie 1939-1945*

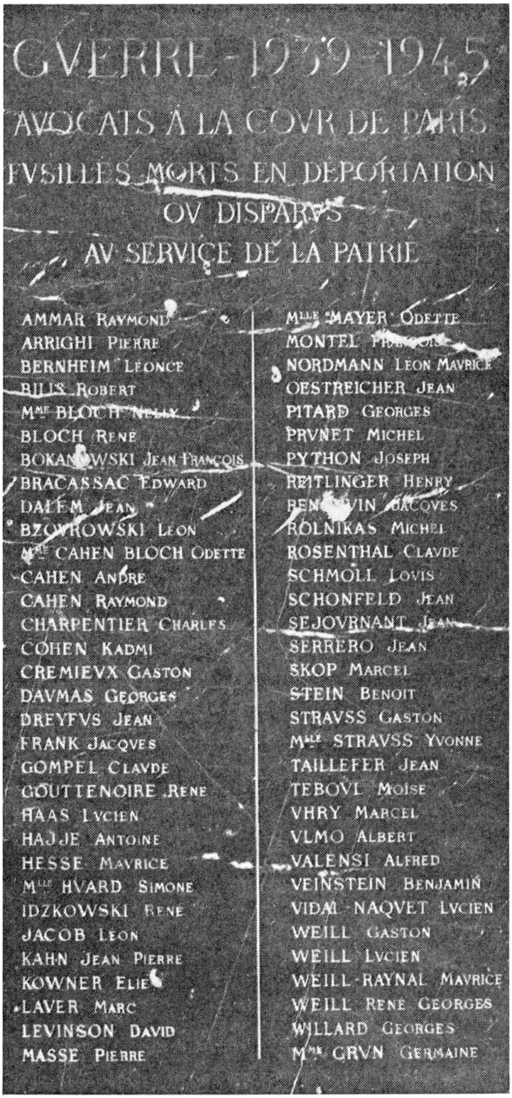

© Raymond Landin

Sources

Archives nationales

Commissariat général aux questions juives (AJ38)

AJ 58. Cabinet Vichy dos. M 34 : professions libérales.

AJ 38 69. Cabinet Paris dos. M 342 : avocats.

AJ 38 120. Service de la législation
Dos. 22 : avocats
Dos. 23 : avocats au Conseil d'État et à la Cour de Cassation.

AJ 38 146. Direction du station des personnes
Dos. professions libérales, *numerus clausus*
Dos. avocats juifs

AJ 38 331. Direction de l'aryanisation économique
Dos. correspondance avec les avocats.

AJ 38 1045. Aryanisation économique - Limoges
Dos. statut des personnes : médecins, dentistes, avocats.

AJ 38 1146. Service de la législation
Dos. 22 JA : avocats.

Ministère de l'Intérieur (F7)

F7 15148 - 5 b

– Deux fiches d'avoués autorisés à exercer conformément au *numerus clausus* de la loi du 2 juin 1941 (2 %) s.l.n.d.

– « Ordres des avocats à la Cour de Paris. Avocats israélites autorisés par décisions de la Cour d'Appel de Paris à exercer leur profession » s.l.n.d.

[Comprend nom, prénom, date et lieu de naissance, domicile professionnel et « raisons de l'autorisation à exercer la profession »].

Ministère de la Justice

C 3970 - Application de la loi du 10 septembre 1940 réglementant l'accès au Barreau : liste d'avocats juifs (1940-1941).

Références des archives consultées

Centre de documentation juive contemporaine

Cotes

CC XXX IX - 129
CC XXX VII - 28
CC XXXX V 39
XXX 1, 22, 143, 144
B 332 p. 235-s
XXVIII b/169
XXI 10
CC XIII 106
CD XVI - 5, 6, 7
CD XXII - 12
XX VIII a, 17, 77
XXVIII, 219
XCVI - 5 p. 22, 20 p. 61
CD XV - 1
XI b, 462
LXXIX - 9

VI, 138
VI, 139
XXIII - 2 (29.1.42)
XXIII - 5 (1942)
LXXX - 2
CII - 8a, 8b
CVIII, 10
CVIII, 8
CVIII, 6
CVIII, 4
CX, 11 et 14
CX, 47
CXXI, 25, 28-35
CXCIII, 23, 179
CXCV - 18
CCCI XXIX, 9
DLXXU, 13 b et c

Conseil d'État

Dossier 224.643 : Élaboration du décret réglementant, en ce qui concerne les Juifs, la profession d'avocat.

Dossier 230.898 : Demande d'avis sur les mesures à adapter à l'égard des avocats juifs écartés d'un barreau, par application de la loi du 10 septembre 1940, comme étant nés d'un père étranger, mais qui peuvent demander leur réinscription en invoquant la loi du 16 octobre 1941 alors que le décret du 16 juillet 1941 relatif aux Juifs et qui institue la clause du *numerus clausus* dont cette catégorie d'intéressés aurait pu bénéficier ne vise que les avocats inscrits au moment où il a été publié ou les candidats à l'inscription.

Avis 1er août 1942
Renvoi 11 août 1942

Bibliographie

ABITBOL, M., *Les Juifs d'Afrique du Nord sous Vichy*, Paris, Maisonneuve et Larose, 1983.

AMOUROUX, H., *La grande histoire des Français sous l'Occupation*, t. 5, *Les passions et les haines, avril-décembre 1942*, Robert Laffont, 1981.

ANDREAU, P., *La condition des étrangers en France*, Paris, Guillaumin, 1986.

AZEMA, J.-P. et BEDARIDA, F., (Dir), *Vichy et les Français*, Fayard, 1992.

Bâtonnier ARRIGHI, « Lucien Vidal-Naquet », *Bulletin de l'Association amicale des secrétaires et anciens secrétaires de la Conférence des avocats à Paris*, t. 49, Paris, 1954.

BADINTER, R., *Libres et Égaux... L'émancipation des Juifs, 1789-1791*, Fayard, 1989.

BARTHÉLEMY, J., *Ministre de la Justice, Vichy 1941-1943, Mémoires*, Paris, Pygmalion-Watelet, 1989.

BARUCH, M.-O., *Le régime de Vichy*, Paris, La Découverte, 1996.

BAUDOUIN, P., *Neuf mois au Gouvernement*, Paris, La Table Ronde, 1948.

BAUDRY, H. et AMBRE J., *La condition publique et privée du Juif en France. Le statut des Juifs, étude théorique et pratique*, Lyon, Desvignes, 1942.

BILLIG, J., *Le Commissariat général aux Questions juives (1941-1944)*, Éditions du Centre de Documentation juive contemporaine, Paris, 1955, t. 1.

BIRNBAUM, P., *Les Fous de la République : histoire politique des Juifs de Gambetta à Vichy*, Paris, Fayard, 1992.

—, *Un mythe politique : la République juive*, Paris, Seuil, 1930.

—, P., *La France aux Français. Histoire des bonnes nationalités*, Paris, Seuil, 1993.

BOEGNER, M., Rapport *Les Églises protestantes pendant la guerre et l'occupation. Actes de l'assemblée générale du protestantisme français*, Paris, 1946.

BOUFANDEAU, T., « La continuité et la sauvegarde des principes du droit public français. Le juge de l'excès de pouvoir jusqu'à la Libération », *Études et documents du Conseil d'État*, 1947, pp. 23-27.

BURDEAU, G., *Cours de droit constitutionnel*, Paris, L.G.A.J., 1942.

BURRIN, P., *La Dérive fasciste*, Paris, Le Seuil, 1986.

CALEF, N., *Drancy 1941, camp de représailles. Drancy la faim*, édité et présenté par S. Klarsfeld, F.F.DJ., Paris, 1991.

CARCOPINO, J., *Souvenirs de sept ans, 1937-1944*, Paris, Flammarion, 1953.

Centre de Documentation juive contemporaine et l'Association les fils et les filles de déportés juifs de France, *Les Juifs sous l'Occupation, recueil des textes officiels*, Paris, 1982.

CHARPENTIER, J., *Au service de la Liberté*, Paris, Fayard, 1949.

CREMIEUX-BRILHAC, J.L., *La France Libre, de l'appel du 18 juin à la Libération*, Paris, Gallimard, 1996.

DECROUX, P., « Le nouveau statut des Juifs en Afrique du Nord », *J.O.*, I, 265, n° 7, p. 42.

DU MOULIN DE LABARTHETE, H., *Le temps des illusions. Souvenirs juillet 1940-avril 1942*, Genève, les Éditions du Cheval ailé, 1947.

DUPEYROUX, O., « L'indépendance du Conseil d'État statuant au Contentieux », *R.D.P.*, 1983, p. 583.

FLORIOT, R., « Le Droit nouveau, Principaux textes des lois, décrets, circulaires et ordonnances, parus entre l'armistice et le 20 novembre, classés d'après leur objet, commentés et expliqués », Paris, 1940.

GIRAUDOUX, J., *Pleins pouvoirs*, Paris, Gallimard, 1939.

GROS, D., « Le droit antisémite de Vichy contre la tradition républicaine », in *Juger sous Vichy*, « Le Genre humain », Seuil, 1996.

HALPERIN, J.-L., « La législation de Vichy relative aux avocats et aux droits de la défense », *Revue historique*, 1991, pp. 143-156.

HAMON, L. et POZNANSKI, R., « Avant les grandes premières rafles. Les Juifs à Paris sous l'Occupation (juin 1940-avril 1941) », *Cahiers de l'Histoire du Temps Présent*, n° 22, décembre 1991.

HERAUD, M., *Pierre Masse*, Paris, Calmann Lévy, 1947.

—, « Il y a cinquante ans : le statut des Juifs de Vichy », Acte du colloque *C.D.J.C.*, Paris, 1991.

ISORNI, J., *Mémoires (1911-1945)*, Paris, Robert Laffont, 1984.

JEANNENEY, J., *Journal politique : Septembre 1939-Juillet 1942*, Paris, Armand Colin, 1972.

JOUANJEAN, O., « La doctrine juridique allemande, rénovation du droit et positivisme dans le Troisième Reich », in *Le Droit antisémite de Vichy*, Paris, Seuil, 1996, pp. 462-496.

KESSEDJIAN, C., « Le Juif “déchu” de la nationalité française », in *Le Droit antisémite de Vichy*, Paris, Seuil, 1996, p. 232.

KLARSFELD, S., *Vichy, Auschwitz, le rôle de Vichy dans la solution finale de la question juive en France*, Paris, Fayard, t. II, 1985.

—, *L'Étoile des Juifs*, Archipel, 1992.

KNOBEL, M., « L'élimination des juristes juifs en Europe à partir de 1933 », *Cahiers Bernard Lazare*, 1990, nos 125-126.

KNOERTZER, A., « Du statut des Juifs indigènes d'Algérie », *J.C.*, I, 265, n° 7, p. 42.

LABORIE, P., *L'opinion française sous Vichy*, Paris, Le Seuil, 1990.

LAGUERRE, B., « Les dénaturalisés de Vichy, 1940-1944 », *Vingtième siècle*, n° 20, 1980.

LAMBERT, R.-R., *Carnets d'un Témoin, 1940-1943*, Paris, Fayard, 1985.

LAROQUE, P., *Au service de l'homme et du droit, souvenirs et réflexions*, Association pour l'histoire de la sécurité sociale, 1993.

Le fichier juif, rapport de la commission présidée par René Rémond, Plon, 1996.

LOCHAK, D., « La doctrine sous Vichy ou les mésaventures du positivisme », *Les usages sociaux du droit*, CURAPP, PUF, 1989.

—, « Le Conseil d'État sous Vichy et le Consiglio di Stato sous le fascisme », *Le Droit administratif en mutation*, PUF, 1993, pp. 51-83.

MARCOU, J., *Le Conseil d'État sous Vichy 1940-1944*, thèse pour le Doctorat d'État, Paris, 1984.

MARRUS, M. et PAXTON, R., *Vichy et les Juifs*, Paris, Calmann-Lévy, 1981.

MARTIN DU GARD, M., *Chronique de Vichy*, Paris, Flammarion, 1948.

MASSOT, J., « Le Conseil d'État », communication au colloque *Le régime de Vichy et les Français*, Institut d'Histoire du Temps présent, Paris 11-13 juin 1991.

NOIRIEL, G., *Le Creuset français, histoire de l'immigration, XIX-XXe siècle*, Paris, Seuil, 1988.

NORDMANN, J. et BRUNEI, A., *Aux vents de l'histoire*, Arles, Actes Sud, 1996.

PAYEN, F., « Le nouveau statut du barreau », *Bulletin de l'Association nationale des Avocats*, sept-oct. 1941, p. 21.

POIGNARD, M., « Discours à la mémoire des avocats à la Cour de Paris morts pour la France », 11 juillet 1946, Paris, Imprimerie du Palais.

POLIAKOV, I., *L'Étoile jaune*, Paris, Éd. du Centre, 1949.

Le Procès de Xavier Vallat présenté par ses amis, Préface de Marie-Madeleine Martin, Éditions du Conquistador, Paris, 1948.

RAYSKI, A., *Le choix des Juifs sous Vichy, entre soumission et résistance*, Préface de François Bédarida, Paris, Éditions La Découverte, 1992.

REVIGLIO-LAVAL, M.-C., « Parlementaires xénophobes et antisémites sous la IIIe République », in *Le Droit antisémite de Vichy*, Paris, Seuil, 1996, pp. 84-114.

ROSENGART, L., « L'originalité du statut du Juif en France dans l'Europe hitlérienne », *Communauté nouvelle*, n° 47, 1989.

ROUSSO, H., « L'organisation économique. Vichy, l'occupant et la spoliation des Juifs », *Yod. Revue des études modernes et contemporaines hébraïques et juives*, 15-16, 1982, pp. 51-79.

SCHOR, R., *L'opinion publique et les étrangers - 1919-1939*, publications de la Sorbonne, 1985.

—, *L'antisémitisme en France pendant les années 30*, Paris, Éditions Complexes, 1992.

SINGER, C., *Vichy, l'Université et les Juifs*, Paris, Les Belles-Lettres, 1992.

VALLAT, X., *Le nez de Cléopâtre, souvenirs d'un homme de droite*, préface de Charles Maurras, Éditions Les Quatre fils Aymon, Paris, 1957.

VIDAL-NAQUET, P., « Journal de Me Lucien Vidal-Naquet », *Annales-Économies-Sociétés-Civilisation*, mai-juin 1993, pp. 501-543.

WEISBERG, R., « Legal rhetoric under stress, the example of Vichy », in *Cardozo Law Review*, vol. 12, 1981, p. 1409, note 89.

Journaux consultés :

Je suis partout, La Vie judiciaire, Le Cri du Peuple, Le Figaro, Le Matin, Le Petit Parisien, Le Pilori, Le Temps, Paris-Soir, Paris-Midi.

Remerciements

Je remercie les bâtonniers Henri ADER et Roger FARTHOUAT qui ont mis à ma disposition les archives du Conseil de l'Ordre des avocats à la Cour d'appel de Paris.

Je remercie également Monsieur le bâtonnier Pierre LATOURNERIE et Monsieur le bâtonnier Bertrand FAVREAU du barreau de Bordeaux, Monsieur le bâtonnier Jean-Paul COTTIN du barreau de Toulouse, Monsieur le bâtonnier José ALLEGRINI du barreau d'Aix-en-Provence, Monsieur le bâtonnier BENICHOU du barreau de Grenoble, Monsieur le bâtonnier Ugo IANNUCCI du barreau de Lyon, Monsieur le bâtonnier Guy KAROUBY du barreau d'Aix-en-Provence, Monsieur le bâtonnier José ALLEGRINI du barreau de Marseille, qui m'ont communiqué les archives des Conseils de l'Ordre de leurs barreaux pour la période 1940-1944.

Mes remerciements s'adressent aussi à Madame le Premier Président honoraire Myriam EZRATTY de la Cour d'appel de Paris, Monsieur le Premier Président Jean-Pierre PECH de la Cour d'appel d'Aix-en-Provence, Monsieur le Premier Président Raymond EXERTIER de la Cour d'appel de Toulouse, Monsieur le

Premier Président Michel VIGNERON de la Cour d'appel de Bordeaux.

Je remercie Monsieur Pierre MEHAIGNERIE, ancien garde des Sceaux et ministre de la Justice, et Madame le Conservateur général CHAULEUR, qui m'ont permis d'avoir accès aux archives de la Chancellerie.

Je remercie également Monsieur Marceau LONG, Vice-Président honoraire du Conseil d'État et Monsieur Bernard STIRN, conseiller d'État, ancien secrétaire général du Conseil d'État, qui m'ont ouvert les archives du Conseil d'État.

Ma reconnaissance toute particulière, pour son concours éclairé, est acquise à Monsieur Yves OZANAM, archiviste de l'Ordre des avocats à la Cour d'appel de Paris. Sans sa précieuse assistance, ce livre n'aurait pu voir le jour.

Ma gratitude est aussi acquise à Monsieur Alain GIRARDET, vice-Président au Tribunal de Grande Instance de Paris, et à Madame Dominique REMY-GRANGER, chargée de mission auprès du Président du Conseil constitutionnel, qui m'ont assisté dans mes recherches.

Je remercie aussi Monsieur Jean FAVIER, ancien Directeur général des Archives nationales, Monsieur Alain ERLANDE-BRANDENBURG, Directeur général des Archives de France, Madame le Conservateur général Paule RENE-BAZIN, et les personnels des Archives nationales, du Centre de documentation des archives juives, et de l'Institut d'histoire du temps présent, ainsi que Monsieur le Directeur MARTIAL et les personnels de la Bibliothèque du Sénat, pour leur précieuse assistance.

J'adresse l'expression de ma particulière gratitude à Monsieur Marc KNOBEL, qui m'a communiqué les fruits de ses longues recherches sur la législation antisémite de Vichy, ainsi que le Professeur Richard WEISBERG, qui m'a fait part de ses importants travaux sur le régime de Vichy et les milieux juridiques et judiciaires pendant l'Occupation, et Monsieur Marc-Olivier BARUCH, qui m'a communiqué sa thèse de doctorat sur l'Administration française de 1940 à 1944.

Ma gratitude s'adresse également à Monsieur Henry ROUSSO et à Maître Serge KLARSFELD, ainsi qu'à Adam RAYSKI qui m'ont fourni leurs avis éclairés sur les événements relatés dans cet ouvrage.

Je remercie Geneviève FIALEIX pour son inlassable concours.

Ma reconnaissance est acquise à tous les avocats qui ont connu cette époque et qui m'ont fait part de leurs souvenirs et de leurs sentiments.

Index

Table des matières

Cet ouvrage a été composé par Paris Photocomposition
et achevé d'imprimer en mars 1997
sur presse Cameron,
par **Bussière Camedan Imprimeries**
à Saint-Amand-Montrond (Cher)
pour le compte de la librairie Arthème Fayard
75, rue des Saints-Pères – 75006 Paris

35-0002-2/01

Dépôt légal : avril 1997.
N° d'Édition : 1622. N° d'Impression : 4/335

Imprimé en France

ISBN 2-213-59802-9